国家出版基金项目
NATIONAL PUBLICATION FOUNDATION

“十三五”国家重点出版物出版规划项目——新时期产业工人队伍建设改革研究丛书

迈向制造强国

建设新时代高素质产业工人队伍

李珂 著

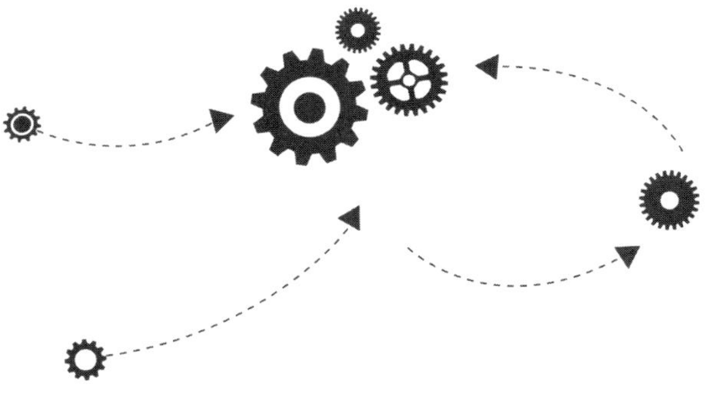

中国工人出版社

劳动最光荣　奋斗最幸福

伟大事业需要伟大实践，人民群众是伟大实践的主体。党的十八大以来，习近平总书记在充分继承马克思主义劳动观和中华优秀传统文化的基础上，多次围绕中国梦、劳动、劳动者、劳模精神等内容进行了深刻阐述，内涵丰富、思想深邃，为决胜全面建成小康社会、夺取新时代中国特色社会主义伟大胜利、实现中华民族伟大复兴的中国梦提供了强大的思想引领和精神支撑。

一、 人民是历史的创造者

习近平总书记在党的十九大报告中指出：“人民是历史的创造者，是决定党和国家前途命运的根本力量。”历史反复证明，人民群众是历史发展和社会进步的主体力量，是先进生产力和先进文化的创造主体。

人民群众用劳动创造了人类历史。马克思认为，物质生产是“一切历史的基本条件”，有了人类的劳动，才有满足人类生存必需的前提，才产生了生活和历史。人民群众不仅是物质财富和精神财富的创造者，而且是变革社会制度、推动历史发展的决定性力量。从唯物史观和劳动哲学层面，习近平总书记深刻阐释了人民的主体地位，科学阐明了人民劳动创造历史的重要意义，指出“劳动是推动人类社会进步的根本力量”“人民是历史的创造者，人民是真正的英雄”。这些观点全面把握了人民、劳动与历史发展、时代进步的内在逻辑，与马克思主义既一脉相承又与时俱进。

勤劳勇敢智慧的中国人民创造了灿烂的中华文明。在五千年历史长河中，中国人民创造了辉煌历史，铸就了灿烂的中华文明。习近平总书记指出：“波澜壮阔的中华民族发展史是中国人民书写的！博大精深的中华文明是中国人民创造的！历久弥新的中华民族精神是中国人民培育的！”这一重要论述充分肯定并高度赞扬了中国人民在中华文明创造中的主体地位，也以中国历史发展实践生动阐释、充分彰显了中国人民创造中华文明的重要价值。在漫长的发展实践中沉淀形成的中华优秀传统文化和中国人民特质禀赋，已经成为植根于中国人内心的民族基因，并深刻影响着中国的发展进步。

中国人民在中国共产党的领导下奋力开创伟大事业。改革开放是决定当代中国命运的关键一招。40 年来，中国共产党带领全国各族人民为实现人民幸福和民族复兴不懈奋斗，中国特色社会主义取得巨大发展，近代以来久经磨难的中华民族迎来了从站起来、富起来到强起来的伟大飞跃。特别是党的十八大以来，以习近平同志为核心的党中央提出一系列新理念新思想新战略，出台一系列重大方针政策，推进一系列重大工作，推动党和国家事业取得了历史性成就、发生了历史性变革。进入新时代，中国人民正以“实干兴邦”的劳动精神继续谱写中国特色社会主义伟大事业的新篇章，焕发出人民创造历史的强大生命力。

二、 以造福劳动者为最大政绩

伟大的发展成就由人民创造，丰硕的发展成果也要由人民共享。习近平总书记强调，要始终把实现好、维护好、发展好最广大人民的根本利益作为党和国家一切工作的出发点和落脚点。这既是以人民为中心发展思想的价值追求，也是广大劳动者的殷切期盼。

造福劳动者是社会主义制度的根本要求。社会主义制度下，劳动者既是社会财富的创造者，也是社会财富的享有者，社会生产力的发展以人民的共同富裕为目的，其发展的目标是实现人自由而全面的发展。习近平总书记强调，全心全意为工人阶级和广大劳动群众谋利益，是我国社会主义制度的根本要求，是党和国家的神圣职责，“劳动人民是国家的主人”，要把“坚持崇尚劳动、造福劳动者”作为社会主义奋斗的目标。这些思想是马克思关于“实现人的自由全面发展”思想在新时代的新阐释、新解读，既重申了社会主义制度下劳动者自身价值实现的回归，又高扬了劳动者在社会主义社会的主人翁地位。

造福劳动者是中国优秀传统文化的时代弘扬。在中国传统文化中，“民惟邦本，本固邦宁”“因民之所利而利之”等，均体现了以劳动人民作为强基固本的思想。党的十八大以来，习近平总书记多次指出：“要以人民群众利益为重、以人民群众期盼为念，真诚倾听群众呼声，真实反映群众愿望，真情关心群众疾苦”；“必须始终坚持人民立场，坚持人民主体地位，虚心向人民学习，倾听人民呼声，汲取人民智慧，把人民拥护不拥护、赞成不赞成、高兴不高兴、答应不答应作为衡量一切工作得失的根本标准”。这些重要论述弘扬了中国优秀传统文化，旗帜鲜明地强调了“为人民服务”的宗旨。

造福劳动者是中国共产党人的初心和使命。中国共产党自成立以来，团结带领人民历经千难万险，初心不改、矢志不渝，始终坚持为中国人民谋幸福、为中华民族谋复兴。特别是党的十八大以来，我们坚持以人民为中心的发展思想，深入贯彻新发展理念，民生状况得到诸多改善和更好保障，劳动者的获得感、幸福感、安全感显著增强。例如，教育事业全面发展，就业状况持续改善，城乡居民收入增长跑赢经济增速，覆盖城乡居民的社会保障体系基本建立，健康中国建设取得新进展。这些都是中国共产党人以造福劳动者为最大政绩的生动写照，也是中国共产党人不忘初心、牢记使命的铿锵记录。

三、 幸福都是奋斗出来的

功崇惟志，业广惟勤。习近平总书记指出，“幸福不会从天而降，梦想不会自动成真”；“幸福都是奋斗出来的”；“世界上没有坐享其成的好事，要幸福就要奋斗”。这是习近平总书记在新时代为开启新征程、实现新目标而向全体劳动者发出的奋斗召唤。

实现每个人的梦想需要奋斗。中国梦是每一个人的梦，新时代是奋斗者的时代。对于个人和家庭而言，美好的生活不可能自动生成，幸福离不开锲而不舍、驰而不息的艰苦奋斗。在人的一生中，青春时期是敢于有梦、勇于追梦、勤于圆梦的最好阶段。无数人生成功的事实表明，青年时代，选择吃苦也就选择了收获，选择奉献也就选择了高尚。只有进行了激情奋斗的青春，只有进行了顽强拼搏的青春，只有为人民作出了奉献的青春，才会留下充实、温暖、持久、无悔的青春回忆；只有奋斗的人生才称得上幸福的人生！

实现中华民族伟大复兴需要奋斗。人类的美好理想，不可能唾手可得，离不开筚路蓝缕、胼手胝足的艰苦奋斗。近代以来，实现中华民族伟大复兴成为中华民族最伟大的梦想，中国人民以光复旧物的决心、自立于世界民族之林的能力，为实现这个伟大梦想进行了170多年的持续奋斗。今天，我们比历史上任何时期都更接近、更有信心和能力实现中华民族伟大复兴。习近平总书记强调：“中华民族伟大复兴，绝不是轻轻松松、敲锣打鼓就能实现的。全党必须准备付出更为艰巨、更为艰苦的努力。”只要13亿多中国人民团结奋斗、不懈奋斗，就一定能实现中华民族伟大复兴！

构建人类命运共同体需要奋斗。当今世界正处于大发展大变革大调整时期，充满希望，也充满挑战。党的十八大以来，中国高举和平、发展、合作、共赢的旗帜，作为负责任的大国，始终做世界和平的建设者、全球发展的贡献者、国际秩序的维护者，为全球治理体系改革和建设贡献了中国智慧和中国力量。世界命运握在各国人民手中，人类前途系于各国人民的选择，各国人民的幸福生活也需要依靠奋斗实现。构建人类命运共同体，既要达成共识，更要见诸行动，需要各国人民一道，共同奋力创造人类更加繁荣、更加安宁的美好未来。

四、 劳动开创未来

人民创造历史，劳动开创未来。全面建成小康社会，进而建成富强、民主、文明、和谐、美丽的社会主义现代化强国，根本上要靠全国各族人民辛勤劳动、诚实劳动、创造性劳动来实现。

弘扬劳模精神和工匠精神，为实现中华民族伟大复兴汇聚强大正能量。习近平总书记先后使用“民族的精英、人民的楷模”“坚持中国道路、弘扬中国精神、凝聚中国力量的楷模”高度赞扬广大劳动模范和先进工作者，并指出劳模精神“生动诠释了社会主义核心价值观，是我们的宝贵精神财富和强大精神力量”。党的十九大报告提出，要“弘扬劳模精神和工匠精神，营造劳动光荣的社会风尚和精益求精的敬业风气”。在新时代背景下，弘扬劳模精神和工匠精神，有利于培养造就一支有理想守信念、懂技术会创新、敢担当讲奉献的宏大产业工人队伍，推动中国速度向中国质量转变、中国制造向中国创造转变、制造大国向制造强国转变；有利于在全社会营造崇尚劳动的浓厚氛围和精益求精的敬业风气，汇聚起“劳动托起中国梦”的强大正能量。

发展和维护劳动者权益，释放劳动最光荣的时代强音。中国特色社会主义进入新时代，我国社会主要矛盾已经转化为人民日益增长的美好生活需要和不平衡不充分的发展之间的矛盾。人民群众不仅对物质文化生活提出了更高要求，而且在民主、法治、公平、正义、安全、环境等方面的要求日益增长。“人民对美好生活的向往，就是我们的奋斗目标。”面对广大劳动者最关心、最直接、最现实的利益诉求，我们应坚持社会公平正义，排除阻碍劳动者参与发展、分享发展成果的障碍，让劳动者实现体面劳动、全面发展。只有持续提升广大劳动者的获得感、幸福感、安全感，才能让“劳动最光荣、劳动最崇高、劳动最伟大、劳动最美丽”的价值引领在人民内心深处生根发芽、开花结果。

加强劳动教育，培育青少年深厚的劳动情怀。中国特色社会主义伟大事业需要依靠一代又一代中国人的辛勤劳动、接续奋斗来实现。青年一代有理想、有本领、有担当，国家就有前途，民族就有希望。习近平总书记对广大青少年寄予殷切期待，“要通过各种措施和方式，教育引导广大青少年牢固树立热爱劳动的思想、牢固养成热爱劳动的习惯，为祖国发展培养一代又一代勤于劳动、善于劳动的高素质劳动者”，“要教育孩子们从小热爱劳动、热爱创造，通过劳动和创造播种希望、收获果实，也通过劳动和创造磨炼意志、提高自己”。因此，要坚持教育同生产劳动和社会实践相结合，让广大青少年投身实践，在增长才干和磨炼意志中感受劳动所带来的收获和乐趣，进而形成尊重劳动、热爱劳动的真挚情感。

“历史承认那些为共同目标劳动因而自己变得高尚的人是伟大人物；经验赞美那些为大多数人带来幸福的人是最幸福的人。”站在新时代的历史方位，我们坚信，在以习近平同志为核心的党中央坚强领导下，一定能够最充分调动广大劳动人民的积极性、主动性和创造性，最大限度地聚合起人们饱满的劳动热情、激发起人民群众昂扬的奋斗精神，为实现中华民族伟大复兴注入源源不断的精神力量！

李珂

（原文刊于《求是》2018年第9期）

目　录

第一章

思想指引：习近平总书记关于劳动的重要论述与产业工人队伍建设

党的十八大以来，习近平总书记围绕工人阶级和工会工作发表系列重要讲话，就中国梦、劳动、劳动者、劳模精神等内容进行了深刻阐述。在党的十九大报告中，习近平总书记指出，建设知识型、技能型、创新型劳动者大军，弘扬劳模精神和工匠精神，营造劳动光荣的社会风尚和精益求精的敬业风气。2018 年 10 月 29 日，在同中华全国总工会新一届领导班子成员集体谈话时，习近平总书记指出，要加强产业工人队伍建设，加快建设一支宏大的知识型、技能型、创新型产业工人大军。劳动模范是民族的精英、人民的楷模。大国工匠是职工队伍中的高技能人才。伴随着中国特色社会主义进入新时代，以习近平同志为核心的党中央站在历史高度，立足中国国情和发展实际，在继承和发展马克思主义劳动哲学的基础上，逐步形成了习近平总书记关于劳动的重要论述，为实现"两个一百年"奋斗目标、中华民族伟大复兴的中国梦提供了强大的理论支撑，也为推进新时期产业工人队伍建设指明了方向。

一、习近平总书记关于劳动的重要论述的理论渊源

关于劳动的论述是马克思列宁主义经典论述的重要组成部分。习近平总书记关于劳动的重要论述与马克思主义经典作家有关劳动的论述一脉相承，在理论维度肯定了"劳动创造人类"，在现实维度强调了"劳动是任何一个民族存在和发展的基础"，在价值维度高扬了"人的自由全面发展"。进入新时代，习近平总书记关于劳动的重要论述在充分继承马克思主义劳动观的基础上进一步发展，开创了新时代中国特色社会主义劳动思想的新境界。

（一）劳动与人类

在马克思主义经典著作中，关于劳动的论述有很多。从某种程度上讲，

马克思的整个思想体系是围绕着劳动问题展开的，《1844年经济学哲学手稿》提出了“异化劳动”，《德意志意识形态》提出了“物质生产劳动”，《资本论》和很多手稿则是围绕“雇佣劳动”“剩余劳动”“自主劳动”等展开论述的。①

马克思在《1844年经济学哲学手稿》中指出，“正是在改造对象世界中，人才真正地证明自己是类存在物。这种生产是人的能动的类生活。通过这种生产，自然界才表现为他的作品和他的现实。因此，劳动的对象是人的类生活的对象化，人不仅像在意识中那样理智地复现自己，而且能动地、现实地复现自己，从而在他所创造的世界中直观自身”。② 正是劳动，彻底将人与猿区别开来。恩格斯在《劳动在从猿到人转变过程中的作用》中指出，“其实劳动和自然界一起才是财富的源泉，自然界提供劳动以材料，而劳动则把材料变为财富。但是，劳动还远不止如此。它是整个人类生活的第一个基本条件，而且达到这样的程度，以致我们在某种意义上必须说：劳动创造了人类本身”。③ 所以，劳动是人类赖以生存、发展的决定力量。在劳动的直接推动下，人类经历了从早期猿人到晚期智人的发展过程。劳动促使人类的脑量不断增大优化，使人类体态特征越来越区别于猿而近似于现代人，而且使劳动工具日益改进和多样化，智力得到进化，物质生活逐渐丰富起来。

习近平总书记指出：“人类是劳动创造的，社会是劳动创造的。”④ 这一论述立足于唯物史观，强调了劳动对人类的重要性，进一步指出无论时代条件如何变化，人类文明进步的历史事实告诉人们，劳动不仅创造了人类，也是人类基本的实践活动和存在方式，更是人类生存和发展的最基本条件，还

---

① 姜锡润，马健．劳动与人的规定性——对马克思“劳动观”的解读［J］．马克思主义哲学研究，2008（00）.

② ［德］马克思，恩格斯．马克思恩格斯全集（第42卷）［M］．北京：人民出版社，1979.

③ ［德］恩格斯．劳动在从猿到人转变过程中的作用［M］．北京：人民出版社，1971（7）.

④ 习近平．在知识分子、劳动模范、青年代表座谈会上的讲话［N］．人民日报，2016-04-30（02）.

是人类创造物质财富和精神财富的基本途径。从马克思的“劳动创造了人本身”到习近平强调“劳动是人类的本质活动”，这既是对唯物史观劳动思想的继承与发展，也是“劳动是人类的本质活动”这一思想在新时代中国特色社会主义伟大事业中的生动体现。从这个意义上讲，习近平总书记关于劳动的重要论述，是对马克思主义劳动哲学的继承和发展，是马克思主义中国化的最新成果，是新时代中国特色社会主义理论体系的重要组成部分。

（二）劳动与社会发展

马克思在《德意志意识形态》一书中指出：“我们首先应当确定一切人类生存的第一个前提，也就是一切历史的第一个前提，这个前提是：人们为了能够‘创造历史’，必须能够生活。但是为了生活，首先就需要吃喝住穿以及其他一些东西。因此，第一个历史活动就是生产满足这些需要的资料，即生产物质生活本身，而且正是这样的历史活动，一切历史的一种基本条件，人们单是为了能够生活就必须每日每时去完成它，现在和几千年前都是这样。”①在马克思看来，劳动是“一切历史的基本条件”，有了人类的劳动，有了满足人类生存必需的前提，才产生了生活和历史。马克思从唯物主义立场出发，充分肯定了劳动对于整个人类和人类历史的重要意义。他进一步强调了这一简单事实：“任何一个民族，如果停止劳动，不用说一年，就是几个星期，也要灭亡，这是每一个小孩都知道的。”②

习近平总书记指出，“劳动是推动人类社会进步的根本力量”③“劳动是一切成功的必由之路”④。这些论述深刻阐释了劳动创造的哲学意义，重申和强调了劳动创造的历史价值和重要意义，丰富和发展了马克思主义劳动观。

---

① ［德］马克思，恩格斯．马克思恩格斯选集（第1卷）［M］．北京：人民出版社，1995.

② ［德］马克思，恩格斯．马克思恩格斯选集（第4卷）［M］．北京：人民出版社，1995.

③ 习近平．在同全国劳动模范代表座谈时的讲话［N］．人民日报，2013-04-29（02）.

④ 习近平．在乌鲁木齐接见劳动模范和先进工作者、先进人物代表　向全国广大劳动者致以“五一”节问候［N］．人民日报，2014-05-01（04）.

应该讲，劳动不仅创造了人类，而且创造了社会，并推动着社会历史滚滚向前发展。正是站在这样的理论高度上，习近平总书记深刻指出："人民创造历史，劳动开创未来。[①]"从马克思认为"劳动是任何一个民族存在和发展的基础"到习近平的"劳动开创未来"，进一步揭示了劳动与社会发展的本质联系。所以，全面建成小康社会、建成富强民主文明和谐美丽的社会主义现代化国家、实现中华民族伟大复兴，根本上需要依靠劳动，依靠劳动者创造。

（三）劳动与人的发展

马克思以异化劳动理论为基础，尖锐批判了资本主义社会的异化扭曲人的本质。在私有制条件下，本应是"自由自觉的活动"的生产劳动却变成了异化劳动，劳动本身成为劳动者的一种异己的力量。从本质上看，劳动异化折射出的恰恰是因私有制而导致的无产阶级和资产阶级的对立。所以，马克思认为，在未来的共产主义社会里消灭了旧式的社会分工，消灭了异化劳动，将人的本质重新还给人，从而实现人的自由全面发展。

习近平总书记在党的十八大中外记者见面会上的讲话中指出，"人民对美好生活的向往，就是我们的奋斗目标"[②]。之后，习近平总书记又多次强调，"全心全意为工人阶级和广大劳动群众谋利益，是我国社会主义制度的根本要求，是党和国家的神圣职责，也是发挥我国工人阶级和广大劳动群众主力军作用最重要最基础的工作"[③]。基于这一出发点，习近平总书记强调劳动应以人为中心，重视劳动对劳动者自身的价值与作用。总体看来，习近平总书记关于劳动的重要论述的重要内涵之一就是"造福劳动者"，特别注重"共建"与"共享"的关系，即"国家建设是全体人民共同的事业，国家发展过程也是

---

① 习近平．习近平谈治国理政［M］．北京：外文出版社，2014（06）．

② 习近平．庆祝"五一"国际劳动节暨表彰全国劳动模范和先进工作者大会隆重举行［N］．人民日报，2015－04－29（04）．

③ 习近平．决胜全面建成小康社会　夺取新时代中国特色社会主义伟大胜利——在中国共产党第十九次全国代表大会上的报告［M］．北京：人民出版社，2017．

全体人民共享成果的过程”，在共同建设的基础上，更要“实现好、维护好、发展好最广大人民的根本利益，特别是实现好、维护好、发展好广大普通劳动者根本利益”，让改革发展成果更多更公平地惠及人民，这也是“共享”作为新发展理念的具体体现。“造福劳动者”让马克思关于实现人的自由全面发展思想在新时代焕发出新的光芒。习近平总书记强调，“坚持社会公平正义，排除阻碍劳动者参与发展、分享发展成果的障碍，努力让劳动者实现体面劳动、全面发展”①，这充分彰显了新时代中国特色社会主义劳动思想以人民为中心的本质特征，高扬了人的主体性。

二、习近平总书记关于劳动的重要论述的理论体系

新时代呼唤新理论，新理论引领新实践。习近平总书记关于劳动的重要论述回应了新时代的重大关切，包含了“实干兴邦”的劳动实践观、“民族复兴”的劳动发展观、“热爱劳动”的劳动教育观等丰富内涵，成为推动党和国家事业发展的强大思想武器和具体行动指南。

（一）劳动实践观

马克思主义实践观认为，实践是指人能动地改造客观世界的物质活动，是人所特有的对象性活动。人的实践活动具有自主性，人通过实践不但能够认识客观规律，而且能够利用客观规律，使客观规律为人所用。同时，实践还具有创造性，它创造出按照自然规律本身无法产生或产生的概率几乎等于零的事物。实践的自主性和创造性一起，共同体现了人的主体性特征。

“我们所处的时代是催人奋进的伟大时代，我们进行的事业是前无古人的伟大事业，我们正在从事的中国特色社会主义事业是全体人民的共同事业。

---

① 习近平．在同全国劳动模范代表座谈时的讲话［N］．人民日报，2013－04－29（02）．

全面建成小康社会，进而建成富强民主文明和谐的社会主义现代化国家，根本上靠劳动、靠劳动者创造。”[①] 这些论述既彰显了一个基本观点，即“社会主义是干出来的”，又充分体现了马克思主义实践观思想。同时，这些论述也深刻揭示了梦想与现实的辩证关系，梦想有了，怎么实现？“天上不会掉馅饼”，只能靠勤奋不辍、持之以恒的劳动。如果只有梦想、没有行动，所设立的目标往往就会流于空谈，成为虚妄的黄粱美梦，而架起梦想与现实之间桥梁的则是实实在在的行动，即劳动实践。也只有在劳动实践中，人们的梦想才有可能变成现实。从个人与集体的互动关系角度上讲，中国梦也是每一个中国人的梦，每一个人的梦想同样也需要通过劳动来实现，而中国梦的实现则需要13亿中国人共同的努力。

习近平总书记指出，“中华民族是勤于劳动、善于创造的民族。正是因为劳动创造，我们拥有了历史的辉煌；也正是因为劳动创造，我们拥有了今天的成就”。[②] 近代以来，中华民族实现了站起来、富起来、强起来的根本转变，依靠的正是一代又一代中国人的辛勤劳动、接续奋斗，这些论述和历史实践进一步夯实了全民族“实干兴邦”的劳动实践观。只有在全社会牢固树立干在实处、走在前列的“实干”精神，才能实现“兴邦”的伟大梦想。

（二）劳动发展观

马克思主义发展观认为，无论是自然界、人类社会还是人的思维都在不断地运动、变化和发展；发展的实质是事物的前进和上升；人类社会的发展是前进性与曲折性的统一。“现在，我们比历史上任何时期都更接近中华民族

---

① 习近平．在知识分子、劳动模范、青年代表座谈会上的讲话［N］．人民日报，2016-04-30（02）．

② 习近平．庆祝“五一”国际劳动节暨表彰全国劳动模范和先进工作者大会隆重举行［N］．人民日报，2015-04-29（04）．

伟大复兴的目标，比历史上任何时期都更有信心、有能力实现这个目标。”[①]同时，习近平总书记也深刻指出，“说到底，实现中华民族伟大复兴的中国梦，要靠各行各业人们的辛勤劳动”。也就是说，实现中华民族的伟大复兴是中国未来的发展方向，而劳动则是实现社会发展走向民族复兴的根本路径。这些论述既深刻阐释了依靠劳动实现发展的哲学意义，又揭示了劳动发展的本质所在，重申和强调了劳动之于发展的历史价值和重要意义。

党的十九大报告在对决胜全面建成小康社会作出全面部署的同时，也明确了从2020年到21世纪中叶分“两步走”全面建设社会主义现代化国家的新目标。这一目标描绘了建成富强、民主、文明、和谐、美丽的社会主义现代化国家的宏伟蓝图，并对新时代中国特色社会主义发展作出战略安排。而劳动是通向未来的必由之路，只有通过全国各族人民辛勤劳动、诚实劳动、创造性劳动，才能让美好愿景变成现实，从而最终实现中华民族的伟大复兴。

（三）劳动教育观

青年兴则国兴，青年强则国强。习近平总书记对广大青少年培养深厚劳动情怀抱有殷切期待，“要通过各种措施和方式，教育引导广大青少年牢固树立热爱劳动的思想、牢固养成热爱劳动的习惯，为祖国培养一代又一代勤于劳动、善于劳动的高素质劳动者”。[②] 但从现实中来看，由于家庭的宠爱、学校劳动教育的不足和社会风气的影响，一部分青少年缺乏最基本的劳动习惯，劳动情怀也比较淡薄，劳动价值观存在一定偏差。

“要教育孩子们从小热爱劳动、热爱创造，通过劳动和创造播种希望、收

---

① 习近平．决胜全面建成小康社会　夺取新时代中国特色社会主义伟大胜利——在中国共产党第十九次全国代表大会上的报告［M］．北京：人民出版社，2017.

② 习近平．在乌鲁木齐接见劳动模范和先进工作者、先进人物代表　向全国广大劳动者致以“五一”节问候［N］．人民日报，2014－05－01（04）.

获果实，也通过劳动和创造磨炼意志、提高自己”。[①] 这一重要论述从劳动创造的功能角度强调了对孩子们自小开始进行劳动教育的必要性。回顾中华人民共和国成立以来党的教育方针，虽然不同时期有不同的主题，但“劳动者”“生产劳动”“社会实践”这些概念词汇一直在我国教育方针的表述中有所体现，而实际上，光是学校层面的劳动教育还是不够的。在马克思看来，生产劳动同智育和体育相结合，它不仅是提高社会生产的一种方法，而且是造就全面发展的人的唯一方法。著名教育家陶行知也曾指出：“劳动教育的目的，在谋手脑相长，以增进自立之能力，获得事物之真知及了解劳动者之甘苦。”[②] 正是因为劳动在育人中发挥着塑造健全人格、磨炼顽强意志、锤炼高尚品格的重要作用，习近平总书记在全国高校思想政治工作会议上进一步强调，要强化实践育人，坚持教育同生产劳动和社会实践相结合，让广大青少年在投身实践、亲身参与中认识国情、了解社会，在增长才干和磨炼意志中感受劳动所带来的收获和乐趣，进而形成尊重劳动、热爱劳动的真挚情感。

三、习近平总书记关于劳动的重要论述的价值引领

习近平总书记在多个场合、多次讲话中阐述了劳动态度、劳动模范、劳模精神在中国特色社会主义事业中的重要作用，他号召全社会应始终弘扬劳模精神、劳动精神、工匠精神，为中国经济社会发展汇聚强大正能量，为实现中国梦提供了“崇尚劳动”的价值引领。

（一）新时代劳模精神的重要价值

在每次发表五一讲话时，习近平总书记都谈及劳动模范和劳模精神，并

---

① 习近平．庆祝“五一”国际劳动节暨表彰全国劳动模范和先进工作者大会隆重举行［N］．人民日报，2015－04－29（04）．

② 陶行知．生活教育文选［M］．成都：四川教育出版社，1988（06）．

用较多篇幅论述劳动模范的历史贡献和劳模精神的宝贵价值。2013 年以来，先后使用“是民族的精英、人民的楷模”[①]“是我国劳动人民的杰出代表，是祖国和人民的骄傲[②]”“是坚持中国道路、弘扬中国精神、凝聚中国力量的楷模”[③]“是劳动群众的杰出代表，是最美的劳动者”[④] 等表述来充分肯定广大劳动模范和先进工作者。对于他们的贡献，两次用“他们以高度的主人翁责任感、卓越的劳动创造、忘我的拼搏奉献，为全国各族人民树立了学习的榜样”[⑤] 予以强调。这些重要论述充分体现出党中央对劳动模范成绩的高度认可和殷殷关怀。

习近平总书记指出，劳模精神“丰富了民族精神和时代精神的内涵，是我们极为宝贵的精神财富”[⑥]“生动诠释了社会主义核心价值观，是我们的宝贵精神财富和强大精神力量”“是伟大时代精神的生动体现”。[⑦] 这些重要论述既强调了劳模精神作为精神财富的重要意义，更凸显了劳模精神的时代内涵。党的十九大报告提出，要“弘扬劳模精神和工匠精神，营造劳动光荣的社会风尚和精益求精的敬业风气”。[⑧] 在 2018 年“五一”国际劳动节来临之际，习近平总书记给中国劳动关系学院劳模本科班学员回信，向他们并向全国所有劳动模范、向全国广大劳动者致以节日的问候，希望广大劳模在各自岗位上继续拼搏、再创佳绩，用干劲、闯劲、钻劲鼓舞更多的人，激励广大

---

① 习近平．在同全国劳动模范代表座谈时的讲话［N］．人民日报，2013-04-29（02）．

② 习近平．在乌鲁木齐接见劳动模范和先进工作者、先进人物代表　向全国广大劳动者致以“五一”节问候［N］．人民日报，2014-05-01（04）．

③ 习近平．庆祝“五一”国际劳动节暨表彰全国劳动模范和先进工作者大会隆重举行［N］．人民日报，2015-04-29（04）．

④ 习近平．在知识分子、劳模模范、青年代表座谈会上的讲话［N］．人民日报，2016-04-30.

⑤ 习近平．庆祝“五一”国际劳动节暨表彰全国劳动模范和先进工作者大会隆重举行［N］．人民日报，2015-04-29（04）．

⑥ 习近平．在同全国劳动模范代表座谈时的讲话［N］．人民日报，2013-04-29（02）．

⑦ 习近平．在知识分子、劳动模范、青年代表座谈会上的讲话［N］．人民日报，2016-04-30（02）．

⑧ 习近平．决胜全面建成小康社会　夺取新时代中国特色社会主义伟大胜利——在中国共产党第十九次全国代表大会上的报告［M］．北京：人民出版社，2017.

劳动群众争做新时代的奋斗者。[①] 从国家层面上讲，我们要始终弘扬劳模精神、劳动精神，为实现中华民族伟大复兴的中国梦注入强大的精神动力。从社会层面上讲，弘扬劳模精神有利于在全社会营造“崇尚劳动”的浓厚氛围和精益求精的敬业风气，为中国特色社会主义事业汇聚起强大的正能量。从个人层面上讲，榜样的力量是无穷的，劳模精神可以感染并引领广大劳动者勤奋做事、勤勉为人、勤劳致富，培育践行社会主义核心价值观。新时代背景下，习近平新时代中国特色社会主义思想在充分继承马克思主义劳动哲学与中华优秀传统文化的基础上，开创了新时代中国特色社会主义劳动思想的新境界，为实现“两个一百年”奋斗目标、中华民族伟大复兴的中国梦提供了强大的思想引领。

（二）劳模精神与工匠精神

“爱岗敬业、争创一流，艰苦奋斗、勇于创新，淡泊名利、甘于奉献”构成了新时期劳模精神的丰富内涵。就其内在逻辑而言，“爱岗敬业、争创一流”是劳模精神的本质特征，体现了劳模对国家、社会、职业的高度责任感、使命感和舍我其谁的主人翁精神。“艰苦奋斗、勇于创新”是劳模精神的品质体现，劳动模范是辛勤劳动、诚实劳动、创造性劳动的积极实践者，他们发奋图强、敢为人先，在实现中华民族伟大复兴的伟大征程中创造辉煌、彪炳史册。“淡泊名利、甘于奉献”则是劳模精神的价值追求，虽然内涵随着时代变迁而被赋予相应的时代元素，但劳模精神的价值追求和精神引领未曾改变。每一时期的劳模不计名利、默默奉献，在体现党和国家价值导向的同时，带领着更多人积极投身于社会主义事业建设。

劳模精神是以爱国主义为核心的民族精神和以改革创新为核心的时代精

---

① 习近平．习近平回信勉励中国劳动关系学院劳模本科班学员　珍惜荣誉　努力学习　继续拼搏　再创佳绩　激励广大劳动群众争做新时代的奋斗者［N］．人民日报，2018－05－01（01）.

神的生动体现。工匠精神不仅是精雕细琢、精益求精的劳动态度，也是追求完美、坚持敬业的道德气质，更是自我否定、勇于创新的精神追求。就精神载体而言，二者在产生机制、评价标准、时代背景、职业基础等方面存在明显区别。但是，这两种精神的内涵也具有共同性特征，都继承了中华民族优秀传统文化中的劳动文化精髓，具有共同的文化底蕴；都立足于职业岗位，取得了突出业绩，作出了重要贡献，具有共同的价值导向；都练就了卓越技能，用个人的劳动实践阐释了劳动的精致境界，具有共同的价值实现。纵观不同时期的劳动模范，有许多劳模也堪称大国工匠，而今日的很多大国工匠也无愧于劳模的荣誉称号。

（三）劳模精神与社会主义核心价值观

党的十九大报告指出："中国特色社会主义文化，源自于中华民族五千多年文明历史所孕育的中华优秀传统文化，熔铸于党领导人民在革命、建设、改革中创造的革命文化和社会主义先进文化，植根于中国特色社会主义伟大实践。"[①] 可见，中国特色社会主义文化由中华优秀传统文化、革命文化和社会主义先进文化三大部分组成。劳动模范一直是时代先锋和行动楷模，他们身上所承载的劳模精神一直发挥着引领作用，是革命文化的重要内容和生动体现，已成为社会主义核心价值体系的重要组成部分。"富强、民主、文明、和谐，自由、平等、公正、法治，爱国、敬业、诚信、友善"构成了社会主义核心价值观，这一价值观传承着中国优秀传统文化的基因，寄托着近代以来中国人民上下求索、历经千辛万苦确立的理想和信念，也承载着每个人的美好愿景。这一价值观是社会主义先进文化的具体体现，也是中国特色社会主义文化的实践成果。劳模精神与社会主义核心价值观都是中国特色社会主

① 习近平．决胜全面建成小康社会 夺取新时代中国特色社会主义伟大胜利——在中国共产党第十九次全国代表大会上的报告［M］．北京：人民出版社，2017.

义文化的重要内容，二者都彰显着共同的价值追求。

劳模精神与社会主义核心价值观都是中国特色社会主义核心价值体系的重要组成部分，二者在很多方面具有高度契合性：在文化传承方面，劳模精神和社会主义核心价值观均植根于中华优秀传统文化和社会主义先进文化的沃土，成为构筑中国精神、中国价值、中国力量的重要基石。在爱国情怀方面，“热爱国家”是劳模评选的首要条件，而“爱国”是社会主义核心价值观的第一个基本理念，这既是标准，又体现共同价值导向。在道德提升方面，劳模精神包含的“敬业、创新、奉献”品质，与社会主义核心价值观倡导的公民基本道德标准，在公民德育教育的目标定位上具有一致性，都是德育教育的重要内容。在教育导向方面，劳模精神在不同历史时期都起到了调动社会情绪、整合社会力量、增添人民信心、鼓舞人民斗志的积极作用；社会主义核心价值观则是当代中国精神的集中体现，凝结着全体人民共同的价值追求，这二者都是社会主义核心价值体系的重要内容，具有共同的文化整合功能和教育导向功能。二者相融相通、相辅相成。当代劳模，用自己的实际行动生动诠释了社会主义核心价值观，作为个体，他们以“爱国、敬业、诚信、友善”为行为准则，是个人践行的典范；作为公民，他们以“自由、平等、公正、法治”为社会价值取向，是价值引领的旗帜；作为人民一分子，他们以“富强、民主、文明、和谐”为奋斗目标，将“小我”融入国家发展的潮流中，是价值实现的楷模。

四、习近平总书记关于劳动的重要论述的时代之声

时代是思想之母，实践是理论之源。习近平总书记关于劳动的重要论述基于时代的历史维度与实践的发展向度，回应了新时代中国特色社会主义发展所面临的新使命与新课题，构筑了以劳动支撑起新时代中国特色社会主义伟大事业的实践路径，对推动新时期产业工人队伍建设起到了指引作用。

（一）实现中华民族伟大复兴的中国梦必须依靠劳动

党的十八大以来，以习近平同志为核心的党中央以恢宏的理论勇气和卓绝的政治智慧，描绘了中国梦的宏伟图景，确立了中国人民的奋斗目标。实现中华民族伟大复兴的中国梦是中华民族近代以来最伟大的梦想，这个梦想凝聚了几代中国人的夙愿。现在，我们比历史上任何时期都更接近这一目标。但我们也应清醒地认识到，在这一伟大征程中，幸福不会从天而降，梦想不会自动成真，如习近平总书记所指出的，“劳动是财富的源泉，也是幸福的源泉。人世间的美好梦想，只有通过诚实劳动才能实现；发展中的各种难题，只有通过诚实劳动才能破解；生命里的一切辉煌，只有通过诚实劳动才能铸就”。[①] 鉴于此，“中华民族伟大复兴，绝不是轻轻松松、敲锣打鼓就能实现的。全党必须准备付出更为艰巨、更为艰苦的努力”。[②] 那么该如何努力呢？习近平总书记也给出了明确答案：“实现我们的奋斗目标，开创我们的美好未来，必须紧紧依靠人民、始终为了人民，必须依靠辛勤劳动、诚实劳动、创造性劳动。”

“民生在勤，勤则不匮。”展望未来，“两个一百年”奋斗目标的实现，仍然需要人民的劳动创造来铸就，更需要一代又一代的中国人努力拼搏。正因如此，习近平总书记在 2015 年庆祝“五一”国际劳动节暨表彰全国劳动模范和先进工作者大会上讲话时，最后用了一句铿锵有力的话向全社会发出了动员与号召——“以劳动托起中国梦”![③]

（二）深化供给侧结构性改革需要构建和谐劳动关系

2014 年以来，我国经济运行渐渐迈入新常态，随着供给侧结构性改革的

---

① 习近平．在同全国劳动模范代表座谈时的讲话［N］．人民日报，2013－04－29（02）．

② 习近平．决胜全面建成小康社会　夺取新时代中国特色社会主义伟大胜利——在中国共产党第十九次全国代表大会上的报告［M］．北京：人民出版社，2017．

③ 习近平．庆祝“五一”国际劳动节暨表彰全国劳动模范和先进工作者大会隆重举行［N］．人民日报，2015－04－29（04）．

持续推进和逐步深化，经济发展方式深刻转变，经济结构深刻调整，劳动力市场灵活性增强。在各级各地政府“三去一降一补”化解过剩产能过程中，劳动关系的运行也发生了深刻变化，职工队伍结构更加复杂，劳动关系领域的新问题和新矛盾也随之凸显。

习近平总书记指出，“劳动关系是最基本的社会关系之一。要最大限度增加和谐因素、最大限度减少不和谐因素，构建和发展和谐劳动关系，促进社会和谐”①。针对生活暂时遇到困难的部分劳动群众，习近平总书记多次要求，“各级党委和政府要落实好失业人员再就业和生活保障、财政专项补贴等支持政策，落实和完善援助措施，创造更多就业岗位……确保安置分流有序、社会和谐稳定”②。这些论述不仅充分体现了“以人民为中心的发展思想”，更对如何构建和谐劳动关系作出了明确部署。2015 年，中共中央、国务院出台了《关于构建和谐劳动关系的意见》，进一步加强调整劳动关系的法律、体制、制度、机制和能力建设，加快健全党委领导、政府负责、社会协同、企业和职工参与、法治保障的工作体制，以建立规范有序、公正合理、互利共赢、和谐稳定的劳动关系。

党的十九大报告中提出，“建设现代化经济体系必须以供给侧结构性改革为主线”“建设知识型、技能型、创新型劳动者大军”“完善政府、工会、企业共同参与的协商协调机制，构建和谐劳动关系”。③ 着眼长远，我们必须从统筹推进“五位一体”总体布局和协调推进“四个全面”战略布局的高度来认识构建和谐劳动关系的重大意义。进入新时代，必须适应新情况、把握新规律，积极面对劳动关系出现的新变化，客观分析劳动关系呈现的新特点，准确把握构建和谐劳动关系的着力点，切实维护职工合法权益，进一步巩固劳动者的主体地位。

---

① 习近平．庆祝“五一”国际劳动节暨表彰全国劳动模范和先进工作者大会隆重举行［N］．人民日报，2015 – 04 – 29（04）.

② 习近平．在知识分子、劳动模范、青年代表座谈会上的讲话［N］．人民日报，2016 – 04 – 30（02）.

③ 习近平．决胜全面建成小康社会　夺取新时代中国特色社会主义伟大胜利——在中国共产党第十九次全国代表大会上的报告［M］．北京：人民出版社，2017.

（三）中国制造转型升级需要一支宏大的高素质产业工人队伍

在全球深度嬗变的激荡变局中，国际竞争日趋激烈。而一个国家发展能否在全球格局中抢占先机、赢得主动，国民素质特别是广大劳动者素质起着至关重要的决定作用。人是生产力中最活跃、最根本的要素，无论是“中国制造”，还是“中国创造”，乃至“中国智造”，都需要一支结构优化、素质过硬的产业工人队伍，也需要大规模布局合理、技艺精湛的技能人才，更需要一大批精益求精、追求卓越的大国工匠。

然而，资料显示，截至 2016 年底，我国产业工人总数达 3.91 亿人，全国高技能人才 4504.5 万人，仅占产业工人的 11.5%，与发达国家高技能人才比例超过 35% 相比，我国还存在较大差距。由此可见，我国掌握“高、精、尖”技术的工人比例严重偏低。从一定意义上讲，高素质技术工人短缺是我国制造业发展的瓶颈所在，远不能支撑优化现代产业体系的需要，直接导致了我国制造业尚处于大而不强的状态。

基于这样的情势，习近平总书记明确提出：“要实施职工素质建设工程，推动建设宏大的知识型、技术型、创新型劳动者大军……我们一定要深入实施科教兴国战略、人才强国战略、创新驱动战略，把提高职工队伍整体素质作为一项战略任务抓紧抓好。”① 理念是行动的先导。2017 年 4 月，中共中央、国务院印发了《新时期产业工人队伍建设改革方案》，针对影响产业工人队伍发展的突出问题，创新体制机制，提高产业工人素质，畅通发展通道，依法保障权益，努力造就一支有理想守信念、懂技术会创新、敢担当讲奉献的宏大的产业工人队伍。2018 年 10 月 29 日，习近平总书记在中南海同中华全国总工会新一届领导班子成员集体谈话并发表重要讲话时指出，要加强产

① 习近平．庆祝“五一”国际劳动节暨表彰全国劳动模范和先进工作者大会隆重举行［N］．人民日报，2015-04-29（04）．

业工人队伍建设，加快建设一支宏大的知识型、技能型、创新型产业工人大军。劳动模范是民族的精英、人民的楷模，大国工匠是职工队伍中的高技能人才，工会要协同各个方面，为劳动模范、大国工匠发挥作用搭建平台、提供舞台，培养造就更多劳动模范、大国工匠。

第二章

国际借鉴：制造业强国产业工人队伍建设的经验启示

习近平总书记指出："工业强国都是技师技工的大国，我们要有很强的技术工人队伍。"这一论断，深刻揭示了国家工业化发展与技术工人队伍建设之间的内在关系，阐明了建设高技术工人队伍对我国走新型工业化道路的重要性。"十三五"期间，我国加快建设制造强国，深入实施《中国制造2025》，实施智能制造工程，构建新型制造体系。人是生产力中最活跃最根本的要素，无论是"中国制造"，还是"中国创造"，乃至"中国智造"，都需要一支结构优化、素质过硬的产业工人队伍，需要大规模布局合理、技艺精湛的技能人才，更需要一大批精益求精、追求卓越的大国工匠。尤为重要的是，具有国内甚至国际一流技艺水平的大国工匠是我国产业工人队伍核心竞争力之所在，也是我国先进生产力的杰出代表，更承载着我国深沉而厚重的价值追求。归根结底，我国的国家工业发展战略离不开一支高素质的产业工人队伍提供强有力的支撑。我国发展高素质产业工人队伍，需要积极借鉴各国特别是制造业强国产业工人队伍建设的先进经验，结合我国产业工人队伍建设的实际情况，制定切实可行的工作规划。

一、制造业强国产业工人队伍建设的基本经验

发达国家的产业主要是高中端制造业，他们把大批技术工人作为物化科技成果的主力，从而提高国家核心竞争力。放眼世界，现代工业强国的产业工人队伍建设基本遵循两个路径：职业教育和职工培训。前者是培养现代产业技术工人的主要途径和基本载体，后者则不断提升职工技能的娴熟水平和创新能力。虽然不同国家的做法各有特点，但都主要依托完善的职业教育培训体系，制度化、持续化地培养高素质的产业工人，从而为工业战略提供支撑。

（一）美国的经验

美国的职业技术教育始于19世纪上半期，经过两个多世纪的发展，美国的职业教育形成了八种较为成熟的模式：一是合作教育模式，即由学校与企业签订合同，共同对学生实施职业教育。二是青少年中专模式，是为缺乏工作技能、学习成绩不佳和行将退学的学生设计的一种培训计划。三是生计教育模式，通过持续性的综合教育，帮助人们从幼儿园到成年获得终身受用的谋生技能，并形成个人的生活方式。具体分为学校本位、企业本位、家庭本位和农村生计教育模式四类。四是企业—教育契约模式，即由学校、教育委员会、地方企业、工商协会等组织，经协商而签订的一种契约，签订协定的企业派出技术人员和教育专家，到学校指导学生，提供职业培训。五是技术准备计划模式，是一种为期四年的教育计划，从高中二年级开始，再加上两年高中后教育培训，将职业课程与学术性课程有机衔接起来。六是青年学徒制模式，即青年学徒与企业雇主签订合同和学生培训课程计划。七是职业—学术群集模式，向所有高中生提供多种职业选择，学生可以先广泛接触，再根据个人兴趣及时调换。八是学校—工作多途径模式，包括了所有将学校与工作结合的职业教育模式，使学生在学术和职业技能上达到高标准。① 总体来看，美国的职业教育培训呈现以下可资借鉴的特点：一是职业教育贯通初级教育，与普通教育融合衔接。二是课程设置灵活多样，应用性强。三是政府主办，工商界参与。四是职业教育实行分级管理，以地方为主。五是教师资格要求高，重视工作经验。六是重视产教结合，有效为社会服务。

2012年4月，美国教育部职业与成人教育办公室发布了《投资于美国的未来：职业技术教育变革蓝图》白皮书（简称BTCTE），将对美国的职业技

---

① 孙中义，刘英民．浅析美国职业教育模式及其思考［J］．安徽电子工程职业技术学院学报，2008（2）：105－109.

术教育体系进行彻底变革，以创建世界一流的教育系统，提供优质教育与培训机会，减少技能人才的短缺，推动产业增长，并鼓励新的投资和就业，激发技术创新，促进经济持续增长，最终重振美国经济，确保国家的美好未来。2009 年美国政府为了降低高失业率，开启了为期三年的人力资本提升计划，每年投入 100 亿美元，用于职工教育培训。

美国的产业工人技能培训以国家和个人投入为主，并通过职业院校为载体实施相关培训内容，职业培训学校的资金主要来源于地方政府，职业院校的培训更加注重通用性的内容学习，主要集中在文化知识、基本技能以及岗位技能等方面，同时，企业为了增加自身人员素质并增强企业竞争力，也会根据自身需求开展企业员工职业技能培训。

（二）德国的经验

德国在 17—18 世纪，即出现了学习理论的职业学校；20 世纪初，形成了双元制职业学校的雏形。1969 年，联邦政府颁布了《职业教育法》，推行以“双元制”为主体的职业教育，经过上百年的积累，成就了“德国工匠”和“德国制造”的全球声誉。

双元制职业教育，是一种将在企业里进行的职业技能和相关工艺知识教育与在职业学校里进行的职业专业理论和普通文化知识结合起来培养职业人才的教育制度。[①] 企业为“一元”，职业学校为“一元”。德国的职业教育体系从初中后即开始分流，学生可根据不同职业要求、个人意愿和家长意见进入职业学校或接受普通教育，往往选择职业学校的学生比例高达 70%—80%。学生进入双元制职业教育培训体系以后，教学活动在企业和职业学校里交替进行，约 70% 的时间在企业，30% 的时间在学校。通过专职理论教师和实践教师的培养，在高中阶段即培养出熟练的技术工人和服务人员。之后，学生

---

① 李俊，王继平．德国企业内职业培训的多维度探析［J］．德国研究，2014：90－101.

还可以参加以就业为导向的职业教育和以升学为导向的职业教育。在职权分配方面，学校形式的教育由各州负责，企业形式的职业教育则由联邦政府负责；在经费投入方面，则以企业为主，形成国家、企业、团体、个人共同投资的格局。职工培训与职业教育密切相关，现代学徒制既是德国企业管理的一大创新，也是职工培训的主要形式。到目前为止，已有45万家工厂实行这种制度，工会在约450个行业中强制规定，必须有学徒经历才能被聘为正式员工。

总结起来，德国的产业工人队伍建设具有以下特征：一是多方合作参与，由政府、企业以及工人共同承担产业工人队伍建设的相关经费。企业是产业工人队伍建设的主体，但是政府亦会对其提供资助和经费支持，而工人在学习期间通过低工资的形式承担相应成本费用。二是国家化的技能标准，德国通过对相关培训课程进行统一规定，确保了技能标准的全国统一以及技能在企业间的可迁移化。三是社会化的第三方参与，通过社会组织的第三方参与，对相关技能资格进行认证，确保了相关培训和资质取得的公正性，形成了公平可信的技能管理制度。

（三）日本的经验

日本高等职业教育兴起于20世纪60年代，遵循“国际化、多元化、社会化”的理念，大力发展各类职业教育，构成了由学校教育体制下的职业技术教育、企业内职业技术教育和公共职业训练三大部分组成的有机整体，各具特色、相辅相成，为日本经济发展培养了大批优秀技术人才，为日本成为世界工业制造强国奠定了坚实基础。

学校内职业教育分为初等、中等、高等职业教育；高等职业教育又形成了由短期大学、高等专门学校、专门学校和其他高中后技术培训机构组成的格局。企业内职业教育则通过在岗培训、自我启发式培训、离岗培训等方式开展新工人教育、技术人员教育、管理人员教育和领导人员教育。公共职业训练机构一般由社会团体举办，旨在对谋职人员或转岗人员进行各种技能的基础训练。

日本企业普遍重视对员工的教育培训，提出“生产靠人，人靠研修”的口号。这种理念成为支撑日本企业发展壮大和经济持续发展的重要因素。日本职工培训的形式主要有现场培训（工作场所培训）、函授培训、自我启发式培训。日本的职工培训非常精细化，具体体现在：一是实施分层次系统教育，根据职工的不同职位开展有针对性的培训，是对全体职工进行的持续教育，贯穿于职工的整个职业生涯。包括对新职工的教育、监督指导层（基层管理干部）教育、管理层教育、经营层（最高领导层）教育。二是注重培训内容的实用性，培训内容主要包括企业常识、管理知识、专业知识和专业技能。三是注重企业精神和道德教育。旨在培养职工对企业的情感和集体主义、团结合作、讲究礼仪、自我约束和遵纪守法等综合素质。①

日本高度重视劳动力的职业技能素质，在法律层面先后出台了《实业补习学校章程》《实业学校令》《技能者培训规程》等规定，促进国家职业技能体系的规范化建设。在培训主体上，日本实施入职前教育和企业职业培训相结合的技能培训制度，并充分发挥企业在职业培训中的主导作用，积极形成企业内部劳动力市场供给制度，极大促进了日本产业工人技能提升、企业技能竞争力增强以及国家技能水平的整体提升。

二、改革开放以来我国产业工人队伍发展概述

产业工人是与产业发展联系在一起的。产业的发展需要与之匹配的产业工人，而产业工人的发展壮大又可以反过来促进产业发展。改革开放是决定当代中国命运的关键一招。随着改革开放的春风，在中央一系列政策的作用

① 廖勇．日本企业培训及其对我国的启示［J］．漯河职业技术学院学报，2008（3）：8－9.

下，我国经济结构开始发生变化，且日益加速，产业工人也随之发展壮大。

（一）产业工人队伍的发展壮大

改革开放之初，我国第一产业比重偏高，第三产业比重较低，绝大部分劳动力在第一产业就业。1978 年，在第一产业就业的人员达到 2. 83 亿，占总就业人数的比例高达 70. 5%；二、三产业从业人员共有 1. 18 亿人，占 29. 5%；值得关注的是，当年第二产业从业人员规模仅为 6945 万人。由于当时城乡二元经济社会结构的客观存在，城镇与乡村人员流动相对封闭，农村劳动力无法到城镇就业，导致城镇就业人员占到二、三产业从业人员的 80% 以上。

改革开放以来，在国内生产总值规模持续扩大的进程中，第一产业占比持续下降，第三产业占比快速上升，第二产业占比变化不大，但总规模增长很快。与此同时，我国的所有制结构逐步调整，社会结构也在悄然改变，就业结构也相应发生了深刻变革，产业工人队伍在变革中沿着两个维度快速发展。一个维度是，国有企业和集体企业经过扩大企业自主权、实行两权分离、建立现代企业制度等国有资产管理体制改革，在“抓大放小”“主辅分离”“减员增效”等改革理念的主导下，我国的国企和集体企业数量和职工规模持续减少，截至 2014 年底，国有控股企业职工减少至 4780 万人，集体企业职工仅有 510 万人。① 另一个维度则是，随着城乡二元经济社会结构壁垒的日益消解、社队企业和乡镇企业的兴起以及外资企业的进入，农村剩余劳动力从“离土不离乡”开始，到“离土又离乡”，再到“回不去的乡土”，逐步向城镇转移进入二、三产业就业，以至形成了一个颇具中国特色的“农民工群体”，其中直接在二、三产业就业的农民工有 1. 5 亿，再加上其他形式的就业，实际上具有农村户籍而在城镇或本地从事非农产业的农民工群体达到 2. 7

① 国家统计局 . 中国劳动统计年鉴（2015）［R］. 北京：中国统计出版社，2016.

亿人，成为我国产业工人的主体。在经济社会的总体变革背景下，我国的产业工人队伍快速壮大，截至 2014 年底，我国在二、三产业就业的人员达到 5.4 亿人（第二产业从业人员为 2.3 亿人，第三产业从业人员为 3.1 亿人），占总就业人数的 70.5%，巧合的是，这一比例正好是 1978 年第一产业从业人员的占比。[①] 从广义上讲，根据我国《工会法》第三条的规定，凡是“在中国境内的企业、事业单位、机关中以工资收入为主要生活来源的体力劳动者和脑力劳动者”，都可以纳入“工人阶级”的范畴。而《改革方案》中所提到的“新时期产业工人”，则主要指在某一产业领域有着特定的工作岗位分工、从事集体劳动、以工资收入为主要生活来源的职工。需要注意的是，传统意义上，一说产业工人，更多指制造业、采矿业、交通运输业等行业的职工；随着经济社会的转型发展，传统产业面临调整升级，许多新兴产业陆续出现，社会的劳动分工进一步精细。就当前情况来看，我国的产业工人可以是从事农业、林业、渔业等第一产业的职工，也可以是从事采矿业、制造业、建筑业和电力、热气、燃气及水生产和供应业等第二产业的职工，还可以是从事交通运输、仓储物流、信息技术、服务业、商业、旅游业等第三产业的职工。据统计，截至目前，我国产业工人有 2 亿左右，超过八成集中在第二产业，其中近八成集中在制造业和建筑业，六成集中在大中型企业，三成拥有专业技能；农民工约占六成，已成为产业结构优化升级的瓶颈。

（二）产业工人队伍的结构性矛盾

改革开放以来，我国经济快速发展的一个重要因素，是支撑劳动密集型产业的“人口红利”。广大中国工人，特别是农民工的辛勤付出，造就了“中国制造”走向世界和国家巨额的外汇储备。中国工人的头像也曾登上美国

---

① 国家统计局．中国劳动统计年鉴（2015）［R］．北京：中国统计出版社，2016.

《时代》杂志的封面，而令世界瞩目。但随着“人口红利”的减退和产业结构调整，我国职工队伍整体技术素质差、劳动生产率低的问题日渐突出，已成为优化产业升级的瓶颈。

发展是第一要务，创新是第一动力，人才是第一资源。对国家“十三五”规划提出的制造强国战略而言，更是如此。走新型工业化道路，主体在企业、关键在人才，不仅需要掌握核心技术的科研人员，更需要一大批掌握现代生产制造技术的高技能人才。没有掌握精湛技能和高超技艺的产业工人队伍，就难以完成中国制造业的转型升级，也就谈不上成为工业强国。客观上，“技工荒”一直是困扰中国制造业发展的一个难题，且高水平技术工人更是匮乏，远不能支撑我国现代产业体系优化的需要。到 2015 年底，全国技能人才总量为 1.65 亿人，仅占就业人员的 20%，高技能人才总量 4501 万人，占技能人才的 27.3%，而一些制造业强国则占到 40% 以上。[①] 此外，我国技能人才还存在结构上的失衡：一是产业分布不均衡，在传统机械加工类工种多，新型产业和现代制造业少；二是国企民企分布不均衡，在国有大中型企业多，民企和中小企业少；三是年龄分布不均衡，四成以上的技师、高级技师年龄超过 46 岁，人才断层问题突出，年轻高技能人才严重短缺。

三、改革开放以来我国产业工人队伍建设的制约因素

随着改革开放进程中工业化和城镇化的快速推进，我国的产业工人队伍规模迅速扩大。但是，与欧美工业发达国家相比、与中国制造业转型升级的迫切需要相比，我国的产业工人队伍发展水平还存在显著差距，“量大质不优”的总体特点和矛盾十分突出。总体来看，制约我国产业工人队伍发展的因素主要有以下六点。

---

① 叶雨婷，蒋欣．青年兴则民族兴，技能强则国家强［N］．中国青年报，2016－07－15.

（一）传统技能养成体系存在挑战

计划经济体制背景下，产业工人技能养成主要有三个渠道：相对完善的职业技能认证体系，以单位制和稳定就业为基础的“师徒制”培养体系，主要面向城镇居民的职业学校教育体系。随着改革开放的深入和社会主义市场经济体制的逐步确立，传统的技能养成体系面临严峻挑战。大量非公企业、新型产业、现代制造业的发展使产业工人主体从城镇居民转变为农民工群体；国有企业和集体企业规模和职工队伍的缩减，使体制内的“师徒制”空间急剧萎缩，而且传流师徒之间“口传心授”的方式已难以满足现代产业工人大规模、多样化、高层次的培训需求。原来相对完善的职业认证体系也在职业类型的多元化趋势中亟待与时俱进、更新完善，2015 年新版《中华人民共和国职业分类大典》显示，目前纳入职业资格认证的职业仅有 1481 个职业，而实际上，还有很多已经客观存在但未纳入认证体系的新型职业岗位。

（二）人才培养滞后产业发展需要

我国职业教育起步稍晚，但发展迅猛，取得了显著的成绩。截至 2013 年，全国共有中等职业学校 1.2 万所，年招生 698.3 万人，占高中教育阶段的 45.9%；高等职业院校 1321 所，年招生 318.4 万人，占高等教育的 45.5%。[①] 但是，职业教育经费投入与其教育规模并不协调，据统计，中职院校和高职院校的在校生分别占高中教育阶段和高等教育阶段的 45% 和 44.5%，但其教育经费仅占总教育经费的 6.9% 和 5.2%，[②] 有限的资源输入直接制约了职业教育的发展，并最终影响了技能人才培养的质量。同时，与我国产业的快速发展相比，职业教育培养出的技能人才难以有效满足产业发

---

① 孙丽霞．我国职业教育发展的现状及其前景展望［J］．中外企业家，2015（35）：150－152.

② 韩永强．我国职业教育发展：现状、问题与方略［J］．职业技术教育，2015（7）：17－22.

展的需要，培养供给与人才需求不甚匹配，导致出现大量的产业工人缺少一技之长与部分职业院校由于生源缩减而被迫关停的尴尬局面。此外，职业教育地区之间的不均衡矛盾十分突出，以高等职业教育为例，38%的高职院校分布在东部地区，中部、西部和东北地区各占28%、25%和9%，高职院校的生源分布也呈现出类似的规律，致使迫切需要职业技能教育培训的中西部地区却更难获得充分的教育培训机会。

（三）培训体制机制不够顺畅

我国政府一直很重视劳动力培训工作，每年都会投入大量资源用于提升劳动力素质。在实施层面往往由于权责不清、政出多门等体制性问题，使培训资源得不到有效利用，培训质量和效率也难以保障。以旨在提高农民工技能水平的“阳光工程”为例，国家层面有九个部门参与，到了县级层面有10余个委办局在具体实施农民工培训工程，结果是越向基层培训越流于形式，甚至发生了串通作案、骗取套取培训资金的情况。从国际惯例看，社会、市场力量参与职工教育培训，有利于弥补政府作为单一主体办学的不足。我国也进行了积极探索，但截至目前社会力量尤其是行业企业参与办学的力度不足，政府在职工教育培训的经费投入上仍然占据主导地位。此外，由于多元办学的管理体制混乱、监督考核机制不健全，培训市场上乱象丛生，培训供给与培训需求难以有效匹配。

（四）公共服务制约产业工人融入

经过农村剩余劳动力三十多年的持续转移，农民工逐步成为我国产业工人的主体。受制于历史和现实因素，农民工的整体文化素质偏低，尤其是缺少专业技能。根据国家统计局2014年的数据，初中以下文化程度的农民工仍占77.2%，接受过专业技能培训的仅占34.8%。[①] 长期以来，有相当比例的

① 国家统计局.2014年全国农民工监测调查报告［EB/OL］，http：//www.stats.gov.cn/tjsj/zxfb/201504/t20150429_797821.html.

农民工在收入低、工作环境差、福利差的“次属劳动力市场”就业，从事苦、脏、累、险、差的工种，但是也有一部分农民工已经成为加工制造业、建筑业、采掘业、服务业等行业的技术骨干，其中也不乏大国工匠。由于户籍制度改革启动较晚，与城镇户籍居民相比，已经成为产业工人队伍主体的农民工在劳动就业、子女教育、社会保障、职业培训、政治参与等方面仍未获得均等的公共服务，这影响了我国产业工人队伍建设发展，制约了我国制造业转型升级，也从根本上延缓了农民工融入城市的进程。①

（五）企业的有效投入不够

在市场经济条件下，企业和工人都是相对独立的利益主体，企业追求利润最大化，而工人追求个体收益最大化，这一逻辑决定了劳资双方之间此消彼长、对立统一的利益关系。虽然客观上提升职工技能水平有利于企业的长远发展，但大多数中小企业在激烈竞争的市场环境下，往往急于追求短期利益实现，而无暇顾及更为长远的预期效益。中小企业通常的做法就是压缩工人的工资福利、延长劳动时间，或是忽视工人的职业技能培训、尽可能压低用工成本。这种“短视”行为不仅制约了企业的发展壮大，也不利于工人队伍的可持续发展。

（六）产业工人的社会地位有待提升

毋庸置疑，科技的进步、国家的昌盛、民族的振兴，既需要掌握国际领先技术、填补国内外科技空白、引领国家科技战略的高科技创新人才，也需要埋头苦干、默默奉献、“群星璀璨”的生产一线高技能人才。而传统文化中“万般皆下品，唯有读书高”“劳心者治人、劳力者治于人”等思想至今仍根

---

① 李珂．论劳动关系状况对农民工融入城市的制约［J］．中国劳动关系学院学报，2006（6）：26－30.

深蒂固，不仅深刻影响着人们的职业选择，也直接形塑了人们对不同职业的社会评价。由于经济社会转型和利益格局的深度调整，产业工人的经济社会地位均呈下降趋势，国企职工曾经历了“下岗再就业”的心酸阵痛，农民工群体曾长期被城市人贴上“没文化、没素质”等不文明的标签。尽管“三百六十行，行行出状元”的道理大家都知道，但基于现实的感性认知，再加上“重管理、轻技术”的人才观，导致社会上出现轻视职业教育和技师技工的舆论导向和浮躁现象，制约了我国产业工人的蓬勃发展，也难以营造出大国工匠人才辈出的社会氛围。

四、制造业强国产业工人队伍建设经验对我国的启示

“他山之石，可以攻玉。”就我国的国情而言，我国的产业工人队伍的建设发展已提上重要议程。学习借鉴工业发达国家成熟而有效的实践经验，应从职业教育和职工培训两个方面入手，建立“政府主导、企业实施、高校参与、行业组织”的职业教育培训体系，尽快完成人力资源大国向人力资源强国的转变，进而为我国新型工业化道路提供坚实支撑。

（一）营造职业教育发展环境

发达国家的经验表明，职业教育是培养既掌握精湛专业技能，同时又具备高尚职业道德的高层次、复合型技能人才的主要路径。我国应该在已有成绩的基础上，切实落实《现代职业教育体系建设规划》中关于高等职业教育发展的顶层设计，深化高等职业教育改革，增加资源投入，进一步加快高等职业教育步伐。积极引导行业组织、企业、专门机构等社会力量参与举办职业教育，为职业教育提供公平竞争、良性发展的社会环境，加快职业教育步伐。

（二）深化教育体制改革

职业教育与普通教育犹如“车之双轮、鸟之两翼”，都是国民教育的有机组成部分，如果说普通教育是“顶天”，那么职业教育就起着“立地”的作用。进一步理顺高等教育和高等职业教育的关系，延伸职业教育链条，为不同层次的技术创新人才提供更优越的制度环境。以市场为导向，以服务产业发展为目标，借鉴发达国家成熟的职业教育经验，探索灵活多样的人才模式，如“工学结合”“厂学结合”“现代学徒制”等，把理论学习和专业实践有机结合起来，培养大规模的高水平技术工人。

（三）构建职工培训体系

目前对于职工教育培训，政府人社部门和各地工会有一些松散的机构，教育领域也有一些公办和民办的高职与技校，但缺乏统一的组织协调。培养适应经济与社会发展的劳动者队伍，是政府的重要职能；提升工人技能水平、促进就业，是工会维护职工权益的重要职责；职工教育培训既是行业企业的社会责任，也是其自身发展的迫切需求；劳动关系的三方在职工教育培训方面的目标和责任义务是高度一致的。各类高校职校则可发挥人才密集的比较优势，面向社会，服务发展。可以由政府牵头，利用各方特别是工会延伸到行业企业与县乡的组织体系，规划建立从中央到地方的职工教育培训网络，把教育培训—推荐就业—考核定级—学历提升有机衔接起来，更好地服务经济社会发展。

（四）完善职工技术考试定级制度

过去企业长期实行的“八级工”制度，曾对职工学习技术、提高技能起到很好的引导和激励作用，后来因流于靠工龄年限晋级的形式主义而废弃。随着科技创新和大量新技术、新工艺的出现，现在的工种门类已达数千种。

政府应组织各行业统一制定严谨细致的资格认证标准，恢复考试定级颁证制度，并根据技术差别拉大工薪差距，这一方面会激励职工提高自身技能素质，培养造就各行各业的能工巧匠，另一方面也增加职工对企业的归属感和便利劳动力的正常流动。

（五）确保职工教育培训资源投入

职工教育培训需要落实经费来源、内容设置、师资配备、实训场所和考核颁证等各个方面。鉴于全国近80%的务工人员在中小微企业就业，以及一批企业由于产能过剩和“治霾”而面临“关、停、并、转”，多数企业自行组织职工教育培训并不现实，宜由劳、资、政三方加高校组成的机构通过项目制方式实行市场竞标采购，国家给予必要的政策和资金支持，按培训验收合格率提供资金补助。职业培训专业的设置不仅要考虑企业的人员需求，也可引领社会职业的发展，如护老、家政等。职工教育培训经费主要应由政府和企业承担，这是国家人力资本提升战略的必要付出，也是国际惯例。

（六）促进农民工融入城市

必须看到，农民工既是我国产业工人队伍建设发展的主体，也是“以人为核心”的新型城镇化的主体，对实现农民工向现代产业工人的转变具有乘数效应。通过订单、定向和定岗式培训，对农村未升学初高中毕业生等新生代农民工开展就业技能培训。对于已经从业的农民工群体，紧密结合农民工的培训需求，依托职业教育资源和企业实际需求，引导以企业为实施主体，开展有针对性的技能培训，尽快把农民工培养成符合产业转型升级要求的现代产业工人，既为中国制造业成功转型提供了人力资源支撑，又推动农民工尽早融入城市。

（七）提升产业工人的社会地位

加强舆论引导，结合中国经济转型升级的宏观背景和职校毕业生的就业状况，进行有针对性、有说服力的舆论引导，切实提高产业工人的社会经济地位，努力把金牌工人、大国工匠和创新型技术人才工程作出品牌，促进形成“崇尚一技之长，不唯学历凭能力”的社会风尚和“三百六十行，行行出状元”的就业格局，让那些乐于传承、肯于钻研的大师技师真正成为年轻人主动学习的榜样。营造尊重劳动、崇尚技能、争当高技能人才的良好氛围，必须从提升高技能人才的待遇入手。既要给予身怀绝技的高技能人才一个令人羡慕的薪酬定位，为全社会树立一个劳动致富、技能致富的标杆，同时要提升高技能人才的政治地位，在评选劳模、参政议政上加大对高技能人才倾斜，增加他们在政治生活中的话语权，增强他们在社会中的荣誉感。

（八）拓展职工对外交流培训

联合国国际劳工组织是一个重要的协调机构，负责协调包括政府、工会和雇主组织在内的劳动关系三方主体事务。其下属的工人活动局具体负责职工教育工作，同时也是各国职工教育工作状况的信息库。西方发达国家有着市场经济条件下职工教育培训的丰富经验，多年来一直注重实体经济与制造业的发展，有着较为完备、行之有效的技术工人教育培训的方法途径，可供我国参考借鉴。也可聘请在相关国际机构工作的专家学者来华作为师资顾问。

第三章

战略抉择：优化新时期我国产业工人队伍建设改革的顶层设计

工人阶级是我国的领导阶级，也是推进中国特色社会主义伟大事业建设的主力军，产业工人则是工人阶级的主体力量和中坚力量。党的十八大以来，以习近平同志为核心的党中央统筹国际国内两个大局，立足我国国情，高度重视新时代产业工人队伍建设改革，作出了一系列战略性部署，出台了一系列重大政策，充分彰显了新时代产业工人队伍建设改革的重大意义。这是一项关涉政府、企业、工会和职工的系统工程，需要相关各方形成合力、协同推进，推动新时代产业工人队伍建设改革扎实落地、取得成效。

一、新时期产业工人队伍建设改革的时代背景

党的十八大以来，中央统筹国内国际两个大局，统筹推进“五位一体”总体布局和协调推进“四个全面”战略布局，确立了“十三五”期间“创新、协调、绿色、开放、共享”的新发展理念，适应把握引领经济发展新常态，深化供给侧结构性改革，释放新需求，创造新供给，推动新技术、新产业、新业态蓬勃发展，加快实现发展动力转换。在这一宏观背景下，作为中国特色社会主义事业的主力军，我国的产业工人队伍也必将随之调整适应、顺势而为、改革发展。

习近平总书记指出，“我们要始终高度重视提高劳动者素质，培养宏大的高素质劳动者大军。劳动者素质对一个国家、一个民族发展至关重要”。人是生产力中最活跃的要素，人才资源是经济社会发展的第一资源，中国制造的转型升级和工业强国战略的实施，不仅需要掌握核心科技的研发人员，更需要一大批精通现代职业技能的高素质人才。没有掌握精湛技能和高超技艺的产业工人队伍，就难以完成中国制造业的转型升级，也就谈不上成为工业强

国。走新型工业化道路、建设制造强国，需要全面提升劳动者素质，造就一支有理想守信念、懂技术会创新、敢担当讲奉献的宏大产业工人队伍。目前，尽管我国的产业工人队伍数量庞大，但客观上存在“量大质不优”的总体特点和结构性矛盾。从近几年人才市场的供求情况来看，技术工人的求人倍率一直保持在1.5以上，高级技工的求人倍率甚至达到2以上的水平，供需矛盾非常突出。正是在这样的背景下，中央全面深化改革领导小组将新时期产业工人队伍建设改革作为全面深化改革的重要内容，从建设和改革两个维度着手，努力打造一支高素质产业工人队伍，从而为我国工业强国战略提供强有力的支撑。

习近平总书记深刻指出，“面对日趋激烈的国际竞争，一个国家发展能否抢占先机、赢得主动，越来越取决于国民素质特别是广大劳动者素质”“要实施职工素质建设工程，推动建设宏大的知识型、技术型、创新型劳动者大军……我们一定要深入实施科教兴国战略、人才强国战略、创新驱动战略，把提高职工队伍整体素质作为一项战略任务抓紧抓好”。习近平总书记的系列重要论述为新时代推进我国产业工人队伍建设改革指明了方向，廓清了道路。理念是行动的先导，近年来，党中央、国务院围绕新时代产业工人队伍建设改革作出了一系列重大部署。2017年2月，习近平总书记主持召开中央全面深化改革领导小组第32次会议，审议通过《新时期产业工人队伍建设改革方案》，指出要创新体制机制，提高产业工人素质，畅通发展通道，依法保障权益，努力造就一支有理想守信念、懂技术会创新、敢担当讲奉献的宏大的产业工人队伍。2017年4月，中共中央、国务院印发《新时期产业工人队伍建设改革方案》，从5个方面提出了25条加强产业工人队伍建设改革的任务要求，并强调要加强组织实施，构建合力推进产业工人队伍建设改革的工作格局。2018年1月，中共中央办公厅、国务院办公厅印发了《关于提高技术工人待遇的意见》，重点支持为国家作出突出贡献的高技能领军人才，着力提高技术工人收入水平，完善工资正常增长机制，拓宽收入渠道，加大培养培训力度，强化评价使用激励，优化社会环境，全面改善技术工人待遇水平。2018 年 5 月，国务院印发《关于推行终身职业技能培训制度的意见》，作出了构建终身职业技能培训体系、深化职业技能培训体制机制改革、提升职业技能培训基础能力等一系列终身职业技能培训的政策安排。

当前，新一代信息技术与制造业的深度融合正在世界范围内引发影响深远的产业变革，全球产业竞争格局正在发生重大调整，我国在新一轮产业变革和产业竞争中面临巨大挑战。在此背景下，我国提出了“中国制造向中国创造转变、中国速度向中国质量转变、制造大国向制造强国转变”的重大战略。创新是第一动力，人才是第一资源。要建成制造强国，需要尖端技术和先进设备，但更需要一大批高素质高技能的产业工人。要实现“三个转变”，就必须破解技能人才短缺的难题。推进产业工人队伍建设改革、提升产业工人队伍技能和素质直接影响到我国在经济全球化、新一轮科技革命和产业变革中能否胜出。从长远来看，这一工程是实现我国制造强国战略目标的必然要求，也是巩固党的执政基础、实施制造强国战略、促进经济社会可持续发展的迫切需要。

二、新时期产业工人队伍建设改革的顶层设计

2017 年 4 月，中共中央、国务院印发的《新时期产业工人队伍建设改革方案》（以下简称《改革方案》）明确提出，要把产业工人队伍建设作为实施科教兴国战略、人才强国战略、创新驱动发展战略的重要支撑和基础保障，纳入国家和地方经济社会发展规划，为新时期产业工人队伍建设改革顶层设计提供了有益借鉴。

（一）重要意义

从政治方面看，必将有利于巩固党的执政基础和阶级基础。我国是工人

阶级领导的、以工农联盟为基础的人民民主专政的社会主义国家。工人阶级是我国的领导阶级，是我们党最坚实最可靠的阶级基础，也是全面建成小康社会、坚持和发展中国特色社会主义的主力军，而产业工人是构成工人阶级的主体力量，是工人阶级发挥支撑作用的关键因素。由于经济社会转型和利益格局的深度调整，产业工人的经济社会地位呈相对下降趋势，出现了个别弱化工人阶级领导地位、损害工人阶级光辉形象的不良舆论导向。这一方案的出台，有力地回击了一些错误的思想认识，充分体现了党中央对包括产业工人在内的工人阶级的高度重视和巨大关怀，释放了以习近平同志为核心的党中央始终坚持以人民为中心的发展思想和全心全意依靠工人阶级的强烈信号，对进一步巩固党的执政基础和阶级基础必将产生重大而深远的意义。

从经济方面看，必将有利于中国制造转型升级、实施创新驱动发展战略。2013 年 4 月 28 日，在听完只有初中文化、通过刻苦学习成为高级技师和知识型工人的中铁一局电务公司电力高级技师窦铁成发言后，习近平总书记指出，“工业强国都是技师技工的大国，我们要有很强的技术工人队伍”。这一论断，深刻揭示了国家工业化发展与技术工人队伍建设之间的内在关系，阐明了建设高技术工人队伍对走新型工业化道路的重要性。在全球深度嬗变的激荡变局中，国际竞争日趋激烈。而一个国家发展能否在全球格局中抢占先机，赢得主动，国民素质特别是广大劳动者素质起着至关重要的决定作用。改革开放以来，我国一度依靠巨大的人口红利和“两高一低”的粗放型发展方式，迅速成为世界制造业的中心。随着经济发展阶段的递进，劳动力成本逐年攀升，资源环境承载能力接近极限，粗放型发展方式难以为继，中国制造迫切需要实现“由大向强”的转变。2008 年国际金融危机爆发，各国深刻认识到以制造业为代表的实体经济才是经济发展的根基所在。美国率先启动“先进制造伙伴计划”，德国推出“工业 4.0”，日本提出“再兴战略”。我国则适时推出了《中国制造 2025》，从战略层面描绘了建设制造强国的宏伟蓝图。无论是“中国制造”，还是“中国创造”，乃至“中国智造”，都需要一支结构优化、素质过硬的产业工人队伍，需要大规模布局合理、技艺精湛的技能人才，更需要一大批精益求精、追求卓越的大国工匠。

从社会方面看，必将有利于实质性推进“以人为核心”的新型城镇化。应当看到，农民工既是我国产业工人队伍建设发展的主体，也是“以人为核心”的新型城镇化的主体，实现农民工向现代产业工人的转变具有乘数效应。《改革方案》提出，要深入实施农民工学历与能力提升行动计划、农民工职业技能提升计划，这些举措有利于尽快把农民工培养成符合产业转型升级要求的现代产业工人，为中国制造业成功转型提供人力资源支撑，并促进农民工尽早融入城市，实现稳定就业。

（二）主要举措

《改革方案》从加强和改进思想政治建设、构建技能养成体系、运用互联网、创新产业工人发展、强化支撑保障5个方面提出了25条颇有针对性和实效性的改革举措。在加强和改进产业工人队伍思想政治建设方面，主要是强化和创新产业工人队伍党建工作，突出产业工人思想政治引领，健全保证产业工人主人翁地位的制度安排，创新面向产业工人的工会工作。在构建产业工人技能形成体系方面，主要是完善现代职业教育制度，改革职业技能培训制度，统筹发展职业学校教育和职业培训，改进产业工人技能评价方式，打造更多高技能人才，促进农民工融入城市、稳定就业。在运用互联网促进产业工人队伍建设方面，主要是创新产业工人队伍建设网络载体，打造网络学习平台，推行“互联网+”普惠性服务。在创新产业工人发展制度方面，主要是拓宽产业工人发展空间，畅通产业工人流动渠道，创新技能导向的激励机制，改进劳动和技能竞赛体系，加大对产业工人创新创效扶持力度，组织产业工人积极参与实施“走出去”战略和“一带一路”建设。在强化产业工人队伍建设支撑保障方面，主要是加强有关产业工人队伍建设的法治保障，完善财政投入机制，建立社会多元投入机制，完善产业工人劳动经济权益保障机制，深化产业工人队伍建设理论政策研究，营造尊重劳动、崇尚技能、鼓励创造的社会氛围。

当前，我国经济步入新常态，面临产业升级、结构转型、增速换挡、动能转换、资源约束等难题，迫切需要创新体制机制。《改革方案》的出台，旨在通过完善制度供给、优化培养体系，为国家顶层战略的实施提供人才支持和智力支撑。因此，可以说《改革方案》是紧紧围绕国家整体战略而设计的，是对整体战略的深化、细化、具体化，是整体战略得以落地的必要步骤。《改革方案》的出台标志着我国的全面深化改革又向纵深迈进了一大步。总体来看，《改革方案》提出的举措，系统、全面、相互联动，既有思想层面的政治引领，也有实践层面的制度设计，既有宏观的顶层设计，也有健全的支撑保障，厘清了为什么改、怎么改、通过什么途径、达到什么目标等一系列重大问题，为推进新时期产业工人队伍建设改革提供了基本遵循和行动指南。

（三）突出亮点

《改革方案》从改革创新的角度推进产业工人队伍建设，提出的 25 条改革举措涉及思想引领、技能养成、载体创新、职业发展、支撑保障等体制机制创新，呈现出很多亮点，充分体现了“坚守”与“变革”、“线上”与“线下”、“计划”与“市场”、“顶层设计”与“实践突破”等方面的辩证统一和制度平衡。

第一，健全保证产业工人主人翁地位的制度安排。产业工人不仅是创造社会财富的主要力量，也是构成我国领导阶级的主体力量，是共产党执政的重要阶级基础，理应享有主人翁地位。但在实际运行中，有时难以具体落实，一些职工感受不明显。《改革方案》提出，要适当增加产业工人在党的代表大会和委员会委员、人民代表大会代表、政协委员、群团组织代表大会代表和委员会委员中的比例，探索实行产业工人在群团组织挂职和兼职，为产业工人的政治参与提供了制度化的渠道和平台，充分保障了产业工人的源头参与，有利于增强产业工人，特别是基层一线职工的职业自豪感。为贯彻中央党的群团工作会议精神，全国总工会在改革方案中提高了全总执委会委员、主席团成员中劳模和一线职工的比例。2016 年，来自产业一线的农民工巨晓林当选为全国总工会兼职副主席，用他自己的话说，“作为一个农民工当选，这是党中央和全总给我们农民工的最大支持和关怀”。

第二，优化产业工人职业技能形成体系。随着我国经济结构中计划经济向社会主义市场经济的转变，传统国有企业中的产业工人职业技能形成体系逐渐瓦解。但与此同时，大量非公企业和现代制造业对产业工人的技能和素质提出了更高的要求。《改革方案》提出，要加强职业教育、继续教育、普通教育的有机衔接，推进职业技能培训市场化、社会化、多元化改革，建立各类培训主体平等竞争、产业工人自主参加、政府购买服务的技能培训机制。应该说，这些举措以市场为导向，着眼于满足产业工人的现实需求，找准了现行职业技能养成体系的着眼点，有利于权责明晰，激发了相关利益主体的积极性。

第三，打造高技能人才队伍。近年来，中央电视台新闻频道制作播出的《大国工匠》系列专题片，充分展示了我国当代大国工匠的风采，引起了社会各界的广泛关注。面对每一个产品、每一道工序，他们选择了持之以恒、精益求精；扎根他们所在行业、专注领域，他们选择了攻坚克难、甘于奉献。功夫不负有心人，他们过手加工的产品，品质优良；他们倾心带出的高徒，青胜于蓝；他们努力获得的成绩，彪炳史册。这些卓尔不群的大国工匠，是我国产业工人队伍核心竞争力之所在，也是我国先进生产力的杰出代表，更承载着我国深沉而厚重的价值追求，蕴含着一种追求卓越、精益求精的工匠精神。实现从工业大国向工业强国转变的伟大目标，我们既需要更多的大国工匠，更需要弘扬他们身上所承载的工匠精神。《改革方案》提出，要实施国家高技能人才振兴计划，创新协同培育模式，依托大型骨干企业建设示范性高技能人才培训基地；鼓励企业设立高技能人才特聘岗位，对引进的高技能人才给予原单位必要的培养补偿费用；叫响做实“大国工匠”品牌。这些举措非常有利于打造高技能人才品牌，提升高技能人才的社会地位和福利待遇，从而形成良性社会舆论导向。以“中华技能大奖”和“全国技术能手”为例，这两项大奖已经产生了很好的引领作用，其中，“中华技能大奖”被视为产业技能界的“诺贝尔奖”。

第四，创新产业工人发展制度。“进了工厂门，就是国家人。吃喝拉撒睡，桌椅板凳柜，生老病死退，企业办社会。”这几句顺口溜描述的是我国计划经济体制下产业工人的职业状态。在市场经济体制背景下，社会分工更加细化，职业流动更加频繁，新技术、新岗位层出不穷，难以实现“工作终身制”。同时，职业流动尚未实现彻底的自由通畅。据调查，职业发展空间狭窄、职业对接不畅、职业价值难以实现也在一定程度上制约了产业工人队伍的建设发展。《改革方案》从拓宽产业工人发展空间、畅通工人流动渠道、创新技能导向的激励机制、改进劳动和技能竞赛体系、加大产业工人创新创效扶持力度、组织产业工人积极参与实施“走出去”战略和“一带一路”建设六个方面提出了举措。

第五，运用互联网促进产业工人队伍建设。推进“互联网＋产业工人队伍建设”是《改革方案》的一大创新，富有时代气息。主要有三大举措：一是创新产业工人队伍建设网络载体。二是打造网络学习平台。三是推行“互联网＋”普惠性服务，建设网上“职工之家”，实现网上维权帮扶。近年来，以互联网和手机等数字终端为代表的新媒体呈现出蓬勃发展之势，并以其接触的广泛性、联系的即时性、发声的自主性、彼此的互动性、信息的海量性等特征，迅速拓展了传统媒体的功能，改变了政治、经济、文化和社会的运行机制，带来了人们工作生活方式的深刻变革。因此，依托互联网，促进产业工人队伍建设，既是新媒体形势下的迫切要求，也是提升职工工作效能、密切联系职工的有效载体。一是增强了信息的传播性。新媒体背景下，职工由传统的被动接受者转变为主动参与者，既是信息的受众者，也是信息的传播者，扩大了传播途径，信息的传播能力得到重大提升，拉近了与职工群众之间的距离。二是增强了信息的互动性。新媒体的发展及掌上信息产业的不断升级，使职工不仅仅是信息的浏览者更是参与者，新媒体的双向信息流以快速便捷的方式进行互动，包括信息的传播、接收、改造、再传播的交互方式，职工可以通过网络关注公共事务、参与社会进程、表达独到见解、发出自己声音，正面效应是不可低估的。三是增强了思想政治工作的实效性。新媒体有利于职工主体能动性的发挥，改变了传统媒体单向传递的形式，创造了活跃、轻松、愉悦的情景。同时，新媒体有利于及时掌握职工的心理动向，关注个性化需求，已经成为推进产业工人队伍建设改革的重要阵地。

（四）支撑保障

《改革方案》专门就强化产业工人队伍建设支撑保障提出六项举措：一是加强有关产业工人队伍建设的法治保障。二是完善财政投入机制。三是建立社会多元投入机制。四是完善产业工人劳动经济权益保障机制。五是深化产业工人队伍建设理论政策研究。六是营造尊重劳动、崇尚技能、鼓励创造的社会氛围。这些改革举措的最大创新之处在于综合施策，形成相互联动、相互支撑的保障体系。其中，法治保障是依法治国在推进产业工人队伍建设改革中的具体化，是保障产业工人队伍建设有法可依的前提条件，为产业工人队伍建设的有序开展提供了制度层面的顶层设计。财政投入是产业工人队伍建设的关键环节，为产业工人队伍建设提供物质保障。《改革方案》区分了政府和其他市场主体的财政投入机制，有利于调动各相关利益主体的积极性，同时，要加大对投入的绩效考核，这有利于形成政府主导、社会参与、市场运行、职工受益的资源保障机制。劳动经济权益保障，则着眼于维护产业工人的合法权益，致力于实现体面劳动，有利于增强一线劳动者在产业工人队伍建设改革中的获得感和幸福感，为构建和谐稳定的劳动关系奠定基础。深化对新时期产业工人的理论政策研究，既有助于各级党委、政府、工会等部门及时掌握职工动态，也有利于提升相关部门决策的科学化、合理化水平。在社会氛围营造方面，加强有针对性、有说服力的舆论引导，可以促进形成“崇尚一技之长，不唯学历凭能力”的社会风尚和“三百六十行，行行出状元”的就业格局，增强他们在社会上的荣誉感和自豪感，让那些乐于传承、肯于钻研的大师技师真正成为年轻人主动学习的榜样，从而为产业工人队伍建设改革凝聚共识、汇聚力量。

三、推进产业工人队伍建设改革的现实困难

利益相关主体分析（Stake - holders Analysis）理论认为，一个问题的利益相关方是与该问题存在利益或权力关系、可能影响或可能被采取的行动变革影响的所有行动主体，各利益相关方一般会选择在充分识别并评估利益得失、重要程度、预期后果的基础上进而设计行动策略和实施方案。产业工人队伍建设改革是一项涉及政府、企业、工会、职工等相关利益主体的系统工程，在有序推进的过程中，每一方的行为都必然会影响到其他各方，也可能最终影响到整个改革目标的实现。在中国特色社会主义市场经济体制背景下，政府、企业、工会、职工都是产业工人队伍建设改革的利益相关方，他们在各自的理性考量中，又存在着具体利益的彼此博弈，从而导致在推进产业工人队伍建设改革的过程中存在一定困难。

（一）政府职能存在边界

作为产业工人队伍建设改革的推动者，各级政府可以从宏观层面进行制度设计和政策主导，在财政投入、政策引导、人才配置等方面发挥统筹调控作用。而进入实践层面，在社会主义市场经济体制下，企业才是产业工人的直接用人主体。作为独立经营的市场主体，企业拥有在法律框架内自主决策

的权利，如果企业没有违反法律法规的行为发生，政府不能直接决定企业的经营决策行为，不能进行过度的行政干预。就目前的实际情况来看，很多企业在技能人才培养方面积极性不高，尤其是非公有制企业、小微企业普遍存在着对技能人才“重使用、轻培训”的现象。面对这种情况，如何有效调动企业的积极性，更好地促进企业担负起在培养产业工人中的主体责任，是政府推动产业工人队伍建设改革面临的一个主要问题。就政府职能而言，提供高质量、广覆盖的职业技能培训，既是政府公共服务的重要内容，也是成规模培育技能人才的重要途径。显然，这一公共服务的提供需要仰仗政府在职业技能培训方面进行有计划、有力度的财政投入。2018 年 4 月，人力资源和社会保障部副部长汤涛在介绍《关于推行终身职业技能培训制度的意见》时指出，“尽管去年的增幅稍大一点，但是标准还是比较低。多年来，政府的人均职业技能培训补贴标准始终是在 500 元左右，前几年只有 400 多元，去年才 500 元多一点”。而从国际发达国家经验来看，职业技能培训一般包括财政投入、就业补助资金、失业保险基金等，相对于发达国家的政府投入情况，当前我国各地政府对职业技能培训的总体投入还有待于进一步增加。

（二）企业行动策略不一

对企业来讲，对职工进行技能培训，就意味着会相应增加人力资本投入，具有一定程度的外部性，不同属性的企业在实践中对职工技能培训的态度存在很大差异。在国有企业，企业很重视并愿意投入人力、物力、财力对职工进行技能培训，但国有企业不同的用工制度导致了不同类型劳动者接受技能培训的机会明显不同。与国有企业直接签订了劳动合同的合同制职工的培训机会和晋升渠道比较多；而没有与企业直接签订劳动合同却与企业存在“用工关系”的劳务派遣工和劳务外包工的培训机会和晋升渠道则比较匮乏。由于劳务派遣工和劳务外包工的工作稳定性和连续性较差，致使用工单位不愿对这类职工的技能培训进行投入，从而制约了劳务派遣工和劳务外包工整体技能素质的提升。在私营企业，不同程度地存在着对职工进行技能培训不够重视或投入不足的现象。在内地私营企业，一些企业主认为职工技能培训投入大、周期长、见效慢，而且担心职工通过技能培训提高技能水平后，更容易出现另谋高就的情况，因而对职工技能培训持消极态度；而在其确实需要高技能水平员工时，往往倾向于从外面临时“挖”人才，而不是自己培育技能人才；一些小微企业主甚至认为，培训就是为他人做嫁衣。此外，由于公共职业技能认定机制不能充分兼顾到所有行业生产工艺的差异，无法满足一些使用先进机器设备和先进工艺流程企业的现实需求，致使很多外资企业更倾向于采用企业内部的员工技能培训及评价体系。这样一来，在外资企业里，企业内技能评价体系与社会公共技能评价机制并不兼容，于是出现了职工“专业技术很高，却没有正规证书”的情况，职工的专业技能无法得到社会上的制度性认可，也不利于这类技能人才在劳动力市场的合理流动。而且，一旦出现这类企业外迁或停业等情况，这些职工的技能水平就面临再次认定问题。

（三）工会组织侧重不同

我国各级工会组织作为产业工人利益的代表者和维护者，具有政治立场坚定、广泛联系职工、组织体系健全等独特优势，在推进产业工人队伍建设改革进程中肩负着义不容辞的重要使命。从中央推进产业工人队伍建设改革的顶层设计来看，全国总工会在产业工人队伍建设改革协调机制中承担了“牵头”的重任，整合国家发改委、人社部、教育部等政府部门，协同推进此项工作。由于工会组织体制的特点，各级总工会在地方领导格局中话语权有限，导致在发挥牵头作用时“有心无力”。从调研情况来看，在以城市命名的工匠评选培育实践中，各地比较普遍的做法是由人社部门牵头实施，工会则更多扮演参与的角色。一些地方工会反映，在推进产业工人队伍建设的实践中，不同程度面临着部门之间职责不明晰、沟通协调不顺畅、调动整合资源能力有限等约束，从而影响了此项工作的整体推进。而在企业层面，技能型人才的管理培训、评价使用、待遇保障、激励机制等主要由企业行政部门来制定实施。企业工会在一定程度上受制于企业行政，企业工会干部的配备普遍不足，而且兼职居多，受职权、资源、干部数量和质量等方面的制约。在此背景下，企业工会虽然可以为企业职工队伍建设作出积极贡献，但无法在职工技能培训方面发挥主导作用。

（四）职工认知存在偏差

中国由制造大国向制造强国的转变需要大量的高技能产业工人，如果职工技能水平的提升赶不上企业技术进步的要求，就可能无法满足企业技术革新的需要，进而面临被淘汰的风险。从笔者在成都、大连、宁波的调研座谈情况来看，一些职工自身通过学习提高技能水平的积极性还不是很高，一些职工还崇尚着“技能够用就行了”的实用哲学，主动提高技能的意愿不足；很多职工还没有意识到以信息化与智能化为核心的新一轮技术革命正在发生。广大职工是产业工人队伍建设改革的主体，同时也是市场经济条件下的理性主体，往往倾向于遵循理性驱动原则，注重实际的利益获得感。如果制度渠道畅通，提升技能有现实获得感，则倾向于积极参与技能培训，提高技能水平；反之，则积极性不高。现在很多企业的制度设计还不能有效激励职工提升职业技能的积极性，职工技能提升和技术晋级与职工的工资增长之间并没有建立起显著的正相关关系，这在很大程度上抑制了职工钻研技术、提升技能水平的积极性。

四、推进产业工人队伍建设改革的行动策略

产业工人队伍建设改革是党中央做出的一项重大战略部署，也是实现制造强国目标的必要支撑。从社会整体来看，这是一项复杂的系统工程，作为其利益相关者的政府、企业、工会、职工都负有艰巨使命。虽然四方各自具

有策略选择的逻辑起点和理性考量，但最终的目标是一致的，也都是此项改革的受益者。因此，推进产业工人队伍建设改革需要四方既立足自身，又要放眼全局，积极作为，共同推动产业工人队伍的建设与改革。

（一）充分发挥党委政府作用

技能人才的培养是一种面向社会的公共服务，仅仅依赖市场机制进行调节难以实现预期目标。借鉴发达国家经验，我国要建设一支高素质产业工人队伍，就必须加大政府的投入、引导和激励作用。一是健全产业工人制度安排，坚持党委对产业工人队伍建设的领导，由各级党委领导牵头成立产业工人队伍建设领导小组，协调相关部门推进相关工作。适当提高产业工人参政议政的比例，探索产业工人在相关组织的兼职、挂职履职等。二是加大职业教育投入，牵头构建职业教育培训制度体系。政府应立足我国职业教育相对薄弱的实际，加大地方财政对职业教育的投入，建立行业、企业、院校、社会力量共同参与的职业教育培训体系。积极探索和创新“工学结合”“厂学结合”“校企合作”“产教融合”等多种形式的现代技术人才培养模式，大力发展技工教育，制度化、规范化地培养技术工人。三是通过税收优惠、财政补贴等方式，激励企业加大职工技能培训力度。可以探索采用税收豁免、税收抵免、纳税扣除等综合性的税收优惠政策对企业的职工培训进行税收激励。针对小企业职工培训的能力和意愿双不足的问题，可以考虑对小企业的职工培训进行一些特别优惠。对在岗职工技能提升培训、企业公共实训基地建设、企业自办培训机构等方面，通过财政补贴的方式，给予保障和支持。探索对企业新获得技师或高级技师职业资格的职工、参加新型学徒制培训的新招用及新转岗职工，给予一定的补贴。四是积极构建新时代“八级工”制度，大力提升高技能人才的公共福利水平。我国曾实行的“八级工”制度，对职工学习技术、提高技能起到过重要的引导和激励作用。随着大量新技术、新工艺的出现，有关部门可以组织各行业制定科学有效的资格认证标准，恢复考试定级颁证制度，建立技术水平与工资待遇相匹配的绩效考核体系，激励职工提升专业技能，培养更多能工巧匠。五是叫响做实“大国工匠”品牌，营造崇尚技能、精益求精的敬业风尚。一方面要营造“崇尚一技之长、不唯学历凭能力”的良好社会氛围，让全社会都普遍感受到当技术工人的光荣，让“蓝领专家”“知识工人”成为每一个技术工人的自觉追求，进而引导社会认知和社会行为，形成尊重劳动、尊崇技术的社会理念。另一方面要加强对产业工人的思想政治引领工作，加强理想信念教育、职业精神和职业素养教育，让劳动精神、劳模精神、工匠精神深入人心，引导产业工人爱岗敬业、甘于奉献、勇于创新，争做“知识型、技能型、创新型”职工。

（二）压实企业主体责任

企业是用工主体，在推进产业工人队伍建设改革进程中，要压实企业在培养产业工人中的主体责任，推动企业成为培育高素质产业工人队伍建设的孵化器。一是充分示范带头作用，发挥央企、国企等在产业工人队伍建设的引领作用。央企、国企是国民经济发展的中坚力量，在推进产业工人队伍建设、促进经济转型升级、建设制造强国中应发挥示范和引领作用，带动相关产业和行业产业工人整体素质提升。二是加强舆论宣传，引导企业充分认识新时代产业工人队伍建设的重大意义。面对国际产业变革大势，党中央、国务院作出了《中国制造 2025》的战略部署，并计划通过“三步走”实现制造强国的战略目标。要引导广大企业深刻认识到实现制造强国，既需要先进的技术和设备，更需要一大批高素质高技能的一线产业工人把这些先进的技术和设备使用和操作起来。创新是第一动力，人才是第一资源。只有造就一支有理想守信念、懂技术会创新、敢担当讲奉献的宏大的产业工人队伍，才能为全面提升中国制造业发展质量、推动企业创新发展奠定坚实基础。三是通过政策激励，引导企业加大职工技能培训的力度。政府可以通过税收优惠和财政补贴等方式激励企业加大职工技能培训力度；引导企业制订职工技能培养方案，建立职工培训、考核、使用和待遇相结合的激励机制，着力提高技术工人待遇。同时，要督促企业按月足额计提职工教育经费，并合理配置职工教育经费的使用，确保一线产业工人的培训，尤其是技术技能方面的培训。四是通过制度创新，建立企业内部自主评价与公共评价衔接机制。探索建立企业内部的技能人才评价体系，依据国家职业标准、结合企业生产和服务实际，健全以企业为主体，以职工能力、业绩贡献、职业道德为重点的技能人才职业技能等级评价制度。企业自主考核确定职工技能水平并报相关部门认定后，可以按规定核发相应的国家职业资格证书。尤其在高技能人才评价认定方面，要给予企业更多的自主权利，鼓励企业充分发挥在技能人才培养中的主体作用，培养选拔符合企业发展和需要的高技能人才。五是通过市场机制，建立高技能人才有序流动机制。可探索建立专业性、行业性的高技能人才市场，专门进行高技能人才的就业服务，为高技能人才在不同单位、不同行业和跨地区流动中的落户、子女上学和社会保险关系提供便利。通过建立高技能人才有序流动机制，持续提升高技能人才价值，倒逼企业切实尊重技能人才，切实提升技能人才待遇，留住人才。

（三）彰显工会群团优势

在产业工人队伍建设改革中，各级地方工会和基层工会要在同级党委领导下主动作为，努力推动各项改革举措落地见效，着重做好以下几个方面的工作。一是要发挥工会联系广泛、扎根群众的优势，从源头上参与决策。当前，根据中共中央、国务院印发的《新时期产业工人队伍建设改革方案》要求，各省市结合本地实际，积极制定当地的《产业工人队伍建设改革实施方案》，各级总工会应充分发挥自身密切联系职工群众的优势，深入调查研究，广泛征求职工意见，从源头上提出有力度、有分量、有针对性的政策建议。二是积极组织开展岗位练兵、技能比武、职业技能大赛等群众性的劳动竞赛活动，以赛代训，提升职工技能水平，培养锻炼选拔一大批以“大国工匠”

为代表的高技能产业工人。深化群众性技术创新活动，开展先进操作法的总结、命名和推广，加大对产业工人创新创效扶持力度。三是各级总工会和基层工会要牵头做好劳模和工匠的评选工作，做好劳模精神与工匠精神的宣传教育工作，大力弘扬劳模精神和工匠精神。鼓励企业以高技能人才命名创新工作室、劳模工作室和技能大师工作室，给予相应的奖励扶持政策，为其开展技术攻关、技术创新提供更多资源支持，使其成为解决生产技术难题的“攻关站”、推动企业技术革新的“孵化器”、培养高技能人才的“练兵场”。四是切实维护产业工人劳动经济权益，推动广大产业工人共建共享改革发展成果。各级总工会要积极推进各项提高技术工人待遇政策的落地，推进跨地区、行业、单位流动的社会保险关系接续顺利实现。各基层工会要确保针对产业工人实施的工资激励计划以及职工教育培训经费提取和使用等政策，必须通过职代会和工资集体协商、厂务公开等方式发挥职工的民主管理和监督作用，以逐步提高技术工人的收入和待遇水平。建立健全产业工人队伍基础数据库，打造网络学习平台，将产业工人终身学习纳入“互联网＋工会”的规划建设中，通过互联网为产业工人提供更多样有效的普惠性服务。

（四）激发职工内生动力

要激发广大产业工人自觉提高技术技能素质的内生动力，让更多产业工人感觉到有出路、有前途、有荣誉、有地位，拓宽技能成才之路。一是加强宣传引导，树立职工技能成才新意识。通过广泛的宣传，让职工理解，科技革命和产业革命是一把双刃剑，对每一个职工来说，既是机遇也是挑战。只有抓住机遇，不断提高自身技能，才能拥有核心竞争力，也才能提高自己的就业能力，以实现体面就业和稳定就业，这事关每一个职工的根本利益。二是着力提高技术技能人才的收入水平。改革企业工资分配制度，在企业工资结构中增加体现技术技能价值的工资单元，增加对技术工人的补助和津贴，探索对关键技术岗位、关键工序和紧缺急需的技术工人实行协议工资、项目工资、年薪制等分配形式，着力提高技术技能人才的收入水平。在提高技术技能人才经济待遇的同时，提高技术技能人才的政治待遇和社会待遇，增加技术技能人才的现实获得感，激发职工自觉提高技术技能的内生动力。三是提高职工培训的针对性和实效性。根据《中国制造2025》的要求，结合企业自身实际，给职工提供前沿性的、有针对性的培训。增加新产业、新技术、新工艺、新设备、新业态等培训内容，实现劳动者按需自主选择培训项目，推动“互联网 + 技能培训”新模式，提高职工技能培训的便利度和可及性。实现技能型人才的培训、评价、使用和待遇相统一的激励机制。

第四章

价值引领：将劳模精神工匠精神融入产业工人队伍建设改革全过程

《新时期产业工人队伍建设改革方案》提出，要努力造就一支有理想守信念、懂技术会创新、敢担当讲奉献的宏大的产业工人队伍。目前，我国有两亿左右产业工人，他们是我国工人阶级的重要组成部分，也是推动我国经济社会转型升级的主力军。在新时代背景下，大力弘扬新时代劳模精神，培育一支富有干劲、闯劲、钻劲的产业工人队伍，必将为巩固党的执政基础、实施制造强国战略提供强有力的人才支撑。

一、劳模制度嬗变与劳模精神内涵

回顾历史，劳动模范评选表彰作为我国特有的一项制度，源起于中国共产党在陕甘宁边区时期的劳动生产运动，中华人民共和国成立后该制度一直沿袭下来。“奖励劳动模范和先进工作者”于1982年被写入宪法，之后劳模评选表彰逐步成为一种常态机制。纵观不同时期劳模的构成，劳模评选标准、评选范围及树立典型，均与当时的生产力发展水平、社会经济现状及劳动价值导向密切相关。劳模评选制度在与时俱进，但劳动模范始终是时代先锋，他们身上所承载和彰显的劳模精神一直发挥着引领作用，已成为社会主义核心价值体系的重要内容。

（一）劳模评选制度的由来

劳动模范评选制度起源于陕甘宁边区评选劳动英雄和模范工作者运动。1936年10月以后，中共中央在陕北领导民族抗战和革命事业，受黄土高原地理气候的影响，陕北的自然资源相对贫瘠匮乏，这就需要持续巩固和不断扩大革命根据地，于是广泛动员根据地干部群众积极投身生产就成为战略安排和现实选择。1937 年 9 月，陕甘宁边区政府成立，为了发展经济、团结群众，借鉴苏联的斯达汉诺夫运动，开展劳动竞赛，利用英雄和先进人物的带头作用提高劳动生产率。① 经过积极筹备，1938 年 1 月，陕甘宁边区政府举办了制造品竞赛展览会，并奖励了一些先进工厂和劳动英雄，正式开启了劳模评选运动。1939 年，边区政府陆续颁布了《陕甘宁边区人民生产奖励条例》《督导民众生产运动奖励条例》等，对在生产运动中取得重大成绩者予以奖励。1940 年至 1942 年，每年都开展评选劳动英雄和模范工作者活动，三年里，在工厂、农村、政府机关和军队涌现出吴满有、赵占魁、刘建章和李位等近千名劳动英雄，而且党的领导人毛泽东、张闻天等也曾被推选为特等劳动英雄，② 这种全民参与的评选机制极大地调动了边区群众的生产积极性。为进一步规范劳模评选工作，1943 年边区政府颁布了《选举办法》，详细规定了选举范围、条件和方法等。1945 年以后，劳动英雄的评选表彰不再由边区政府统一进行，改为由各县政府自主选择区域和日期举办。1947 年，由于国民党军队进攻陕甘宁边区，劳模评选工作暂时中断。

陕甘宁边区的劳模生产运动持续了近 10 年，其间制定了劳模评选范围、条件、标准和奖励劳动者办法，初步确立了劳模评选制度。劳模评选也经历了从个人到集体、从农业生产领域到各行各业，从重数量到重质量的过程。在评选中层层选拔，坚持"从群众中来、到群众中去"的工作方法，评选出的劳动英雄不仅具有优良的生产技术，更具有很高的道德水平和良好的群众基础。在党的领导下，这一时期劳动模范评选制度不仅实现了从无到有，而且在党的局部执政中积累了丰富的实践经验，各条战线上涌现出的劳动英雄为革命根据地建设和政权建设作出了突出贡献。1945 年 1 月，毛泽东同志在

---

① 孙海波．民主革命时期中国共产党树立劳模模范的原因分析［J］．周口师范学院学报，2010（7）：78.

② 刘艳萍，杨延虎．陕甘宁边区的劳模运动及其启示［J］．延安大学学报（社会科学版），2006（3）：32－33.

《必须学会做经济工作》讲话中给出了这样的评价："劳动模范是全中华民族的模范人物，是推动各方面人民事业胜利前进的骨干，是中国政府的可靠支柱和人民政府联系广大群众的桥梁。"①

（二）劳模评选制度的演变

"我们不但要善于破坏一个旧世界，我们还要善于建设一个新世界。"新中国成立以来，截至 2015 年，我国共进行了 15 次全国范围的劳模表彰，共表彰劳动模范和先进工作者 31171 人。通过表彰宣传在劳动竞赛、发展生产活动中涌现出的模范人物，引领全国各族人民自觉投入生产建设中。经过新民主主义向社会主义过渡、社会主义建设探索、改革开放等不同时期的积极实践，形成了中国特色的劳模评选制度。虽然形式和范围多有变化，但为国家建设发展做贡献的价值导向却是一致的。

1. 新中国成立初期（1949—1960 年）

刚刚建立的中华人民共和国，百废待兴。新中国成立初期，既要保家卫国，又要发展生产。此时的劳模表彰工作，既要对革命战争时期涌现出的模范人物进行表彰，又要顺应成立初期的政治经济形势，团结号召全国各族人民发展生产、努力改善生产生活条件，稳步迈入社会主义。10 年间，中共中央、国务院共举行了四次劳模表彰工作会议（见表 4. 1）。

表 4. 1　中华人民共和国成立之初劳模表彰情况

序号	名称（时间）	颁奖机构	表彰情况	代表人物
1	全国工农兵劳动模范代表会议（1950 年 9 月 25 日—10 月 2 日）	中共中央、国务院	全国劳动模范称号 464 人	李凤莲、赵占魁、孟泰等

① 毛泽东：毛泽东文集［M］. 第 6 卷. 北京：人民出版社，1990：95.

续表

序号	名称（时间）	颁奖机构	表彰情况	代表人物
2	全国先进生产者会议（1956 年 4 月 30 日—5 月 10 日）	中共中央、国务院	全国先进集体 853 个，全国先进生产者称号 4703 人	孟泰、裔式娟、林巧稚、华罗庚、钱学森、夏鼐等
3	全国工业、交通运输、基本建设、财贸方面社会主义建设先进集体和先进生产者大会（全国群英会）（1959 年 10 月 25 日—11 月 8 日）	中共中央、国务院	全国先进集体称号 2565 个，全国先进生产者称号 3267 人	王崇伦、倪志福、张秉贵、时传祥、王进喜、赵梦桃等
4	全国教育和文化、卫生、体育、新闻方面社会主义建设先进单位和先进工作者代表大会（全国文教群英会）（1960 年 6 月 1—11 日）	中共中央、国务院	全国先进企业称号 3092 个，全国先进生产者称号 2686 人	林巧稚等

资料来源：中华全国总工会经济技术部．新编劳模工作手册［M］．北京：中国工人出版社，2012：149－153，154－181，182－201，202－227.

从这四次表彰情况看，不同时期侧重点也有所不同。1950 年的劳动模范主要来自工业、农业和军队等行业，鉴于新中国成立之初我国以农业生产为主的国情，在劳模评选标准中专门规定了农业劳模的评选条件，把“带领组织群众实行生产互助或精耕细作勤劳增产，发家致富取得显著成绩者”作为首要条件。[①] 而到了 1956 年的先进生产者表彰时，把“提前完成第一个五年计划规定指标的先进生产者”“达到优等质量指标的先进生产者”作为评定的重要指标，[②] 受表彰的个人和集体大部分则来自工业系统，且是受表彰人数最多的一次。之所以呈现这个特点，与时代背景有着密切关系，1956 年我国处于第一个五年计划阶段，为确保第一个五年计划顺利实施，不仅将表彰大会名称

① 姚力．新中国成立初期的劳模表彰及其社会效应［J］．党的文献，2013（04）.
② 姚力．新中国成立初期的劳模表彰及其社会效应［J］．党的文献，2013（04）.

定为“先进生产者代表会议”，而且将评选的重点放在了工业战线，这充分体现了中华人民共和国对过渡时期工业战线上涌现出的先进生产者的褒奖。

1959 年 9 月，全国工业、交通运输、基本建设、财贸方面社会主义建设先进集体和先进生产者大会（全国群英会）在北京举行。1960 年 6 月，全国教育、文化、卫生、体育、新闻方面社会主义建设先进单位和先进工作者代表大会（全国文教群英会）也在北京举行。显然，1960 年的全国文教群英会是 1959 年全国群英会的继续，对全国的文化与教育卫生事业起到了振奋、激励和引导作用。与前两次劳模评选相比，评选范围进一步扩大，由工业战线进一步扩大到教育文化战线。此外，这两次劳模评选来自农业战线的劳模大幅度减少，先进的内涵更为宽泛，受表彰人数众多，开始强调对先进集体的表彰，1960 年先进集体数量多于先进个人数量。

新中国成立后的 10 年间，国民经济社会迅速发展，受表彰的先进对象来自工、农、教、文、卫、体各条战线，既有生产能手、岗位标兵，又包括科学技术人员、教育工作者。这十年间的四次表彰大会在会议名称、评选条件及受表彰对象等方面呈现明显差异，表彰的重点从工农兵转移到工业战线的先进人物、再转移到文教战线的先进人物，这与国家恢复生产、发展工业，提高劳动生产力水平的发展需要紧密呼应。通过对先进生产者和先进工作者有目的、有组织地评选宣传，既凸显了工人阶级作为领导阶级的政治地位，又将“人民是国家的主人”这一政治理念转化为全民族的劳动实践，实现了“艰苦奋斗、无私奉献”劳动价值观的广泛传播，并使其在潜移默化中成为民众所认同的价值观念，对国家经济社会发展起到了重要的促进作用。

第二个五年计划前期，提出了脱离实际、人为加快的超高发展速度，很快因难以维系而回落，1960 年发展速度下降至 4.7%，1961 年和 1962 年出现大幅度的负增长。党和政府不得不在“二五”计划时期的后两年（1961—1962 年）对国民经济进行调整；然后再用三年时间继续调整（1963—1965

年），作为第二个五年计划到第三个五年计划（1966 年开始）之间的过渡阶段。[①] 这一时期，劳模评选活动因政策调整而相应暂停。1966 年以后，受“文化大革命”的影响，我国的经济发展遭受严重损失。社会主义建设的许多正确原则，一概被当作修正主义和资本主义加以批判，导致人们的生产热情低落，科技进步缓慢，经济效益普遍大幅度下降。到 1977 年 3 月，全国范围内的劳模评选活动暂时中止。

2. 改革开放初期（1977—1988 年）

随着“文化大革命”的结束，劳模评选工作迅速得到恢复，从 1977 年 4 月到 1979 年 12 月，短短两年多的时间里，中共中央、国务院连续举办了五次全国劳模表彰大会，开启了劳模表彰工作第二次高潮（见表 4.2）。之所以进行如此密集的劳模表彰，主要原因是“文化大革命”期间，国家的经济社会发展遭受巨大创伤，此时需要通过劳模的榜样引领作用，动员引导社会各界继续艰苦奋斗、努力发展经济，把精力集中转移到社会主义现代化建设上来。

表 4.2 改革开放初期劳模表彰情况（1977—1988 年）

序号	名称（时间）	颁奖机构	表彰情况	代表人物
1	全国工业学大庆会议（1977 年 4 月 20 日—5 月 14 日）	中共中央、国务院	全国大庆式企业、全国先进企业称号 2126 个，全国先进生产者称号 385 人	王崇伦等
2	全国科学大会（1978 年 3 月 18 日—31 日）	中共中央、国务院	全国先进集体称号 826 个，先进科技工作者称号 1192 个	陈景润、林巧稚等
3	全国财贸学大庆学大寨会议（1978 年 6 月 20 日—7 月 9 日）	中共中央、国务院	全国财贸战线大庆式企业称号 736 个，全国劳动模范和先进生产者称号 381 人	张秉贵等

① 中共中央党史研究室．中共共产党历史第二卷（1949—1978）（下册）［M］．北京：中共党史出版社，2010（12）：741，968.

续表

序号	名称（时间）	颁奖机构	表彰情况	代表人物
4	工业、交通、基本建设战线全国先进企业和全国劳动模范大会（1979 年 9 月 28 日）	国务院	全国先进企业称号 118 个，全国劳动模范称号 222 人	陈福汉、顾思乡等
5	农业、财贸、教育、卫生、科研战线全国先进单位和全国劳动模范大会（1979 年 12 月 28 日）	国务院	全国先进企业称号 351 个，全国劳动模范称号 340 人	申纪兰、袁隆平等

资料来源：中华全国总工会经济技术部．新编劳模工作手册［M］．北京：中国工人出版社，2012：228 - 232，233 - 243，244 - 250，251 - 254，255 - 259.

这一时期劳模评选的首要标准是："判断一个职工是不是模范，一个集体是不是先进，归根结底要看其在生产力发展方面是不是起了显著作用，对社会主义建设事业是不是做出了较大的贡献。"① 在具体评选范围上，主要包括四类人员：对超额完成全国先进定额和计划指标有重大贡献者；在完成生产建设任务，实现增产节约方面有重大贡献者；在生产技术上有重大改革或者有重大合理化建议者；在创造发明、科学研究方面有重大贡献者。从评选标准和评选条件来看，这一时期劳动价值导向的时代性特征十分明显，那就是紧紧服务于社会主义现代化建设。②

总体而言，这一时期的劳模表彰具有频率高、名称多、标准单一、来源广泛等特点。三年内进行了五次表彰，相比平均四至五年一次的表彰频率来说，其表彰频率之高，可见一斑。1979 年，中共中央、国务院首次对"先进"进行了理论概括，即"各条战线的劳动模范和先进集体，必须是先进生产力的优秀代表，能够体现社会发展的方向"。③ 显然，"生产力"标准成为

① 全国供销合作总社编．中国供销合作社史料选编第 1 辑（下）［M］．北京：中国财政经济出版社，1986：113.

② 中华全国总工会编．中国工会百科全书（上）［M］．北京：经济管理出版社，1998：177.

③ 游正林．我国职工劳模评选表彰制度初探［J］．社会学研究，1997（6）：18.

这一时期劳模评选的主要标准。随着“知识分子是工人阶级的一部分”的明确，袁隆平、陈景润等知识分子和科研工作者成为劳动模范队伍中的新成员。在全社会重心向经济建设转移的变革背景下，五次表彰中前三次以中共中央、国务院的名义进行表彰，表彰对象多为1960年至1978年的劳动模范，带有拨乱反正、落实政策的性质；后两次仅以国务院的名义进行表彰，表彰对象为1978年至1979年的先进典型，表彰对象逐步转移到社会主义现代化的建设者，这种变化体现出十一届三中全会前后党的路线方针政策的重大转变。

3. 劳模评选的常态化制度化（1989年至今）

从1950年至1979年的9次劳模表彰，名称各不相同，频率长短不一；对象各不相同，人数变化大，既有集体又有个人；受当时经济社会发展的影响，表彰具有较强的不确定性。1979年至1988年，受各种因素的影响，没有开展全国性的劳模评选。直到1989年9月，全国劳动模范和先进工作者表彰大会在北京隆重召开；之后从1995年开始，固定为每五年召开一次全国劳动模范和先进工作者表彰大会（见表4.3）。1989年以来，共有六次全国性表彰，从表彰名称、表彰频率，到表彰人数、表彰对象逐步趋于稳定一致，这意味着劳模评选表彰进入常态化制度化阶段。

表4.3 劳模评选常态化制度化时期表彰情况（1989年至今）

序号	名称（时间）	颁奖机构	表彰情况	代表人物
1	全国劳动模范和先进工作者表彰大会（1989年9月28日—2月2日）	国务院	全国劳动模范称号1987人，全国先进工作者称号803人	徐虎、申纪兰、包起帆、邓稼先、蒋筑英、聂卫平等
2	全国劳动模范和先进工作者表彰大会（1995年4月29日）	国务院	全国劳动模范称号2157人，全国先进工作者称号716人	徐虎、申纪兰、孔繁森等
3	全国劳动模范和先进工作者表彰大会（2000年4月29日）	国务院	全国劳动模范称号1931人，全国先进工作者称号1015人	徐虎、李素丽、吴登云等

续表

序号	名称（时间）	颁奖机构	表彰情况	代表人物
4	全国劳动模范和先进工作者表彰大会（2005年4月30日）	国务院	全国劳动模范称号2124人，全国先进工作者称号845人	许振超、姚明、刘翔、孔祥瑞、宋鱼水、王顺友等
5	全国劳动模范和先进工作者表彰大会（2010年4月27日）	国务院	全国劳动模范称号2115人，全国先进工作者称号870人	窦铁成、李瑞英等
6	全国劳动模范和先进工作者表彰大会（2015年4月28日）	中共中央、国务院	全国劳动模范称号2064人，全国先进工作者称号904人	巨晓林、白永明等

资料来源：中华全国总工会经济技术部．新编劳模工作手册［M］．北京：中国工人出版社，2012：260－278，279－298，299－320，321－343，344－367. 中共中央国务院关于表彰全国劳动模范和先进工作者的决定［N］．人民日报，2015－04－29.

回顾近30年来的劳模评选变化状况，这一时期的劳模评选随着改革开放的深入推进呈现出五个特点：一是评选方式更加科学民主。评选工作应坚持公开、公平、公正原则，推荐人选需自下而上产生，并接受公众监督。二是评选标准更加合理。在倡导“无私奉献”的同时，将“对社会有突出贡献”作为劳模评选的重要条件，并且在评价指标中增加了敬业精神、创新精神和职业道德等要素。三是评选范围更加广泛，劳动模范的构成多样化。随着人们对劳动认识的深化，评选对象不仅包括工人、农民、知识分子，个体经营者、私营企业主、体育明星均可参加全国劳模的评选。四是注重持续提高一线职工和农民的劳模比例。2000年，劳模评选分配原则规定“企业一线职工不得低于总数的35%，农民应占总数的20%；企业负责人不得超过总数的8%”。[①] 2010年劳模推荐评选要求“坚持面向基层和工作线，其中企业职工

① 中华全国总工会编．中国工会百科全书（上）［M］．北京：经济管理出版社，1998：39，84.

不低于45%，农民不低于20%”。五是表彰规模日趋稳定。每次表彰人数均在3000人左右，且只对个人进行表彰，不再对集体进行表彰。值得关注的是，自1979年9月以来，全国劳模的表彰单位由中共中央、国务院变更为国务院；从2015年4月开始，全国劳模的表彰单位再次回归为中共中央、国务院，这一回归充分体现出在迈向中华民族伟大复兴的征程中党和国家对劳模评选表彰工作的高度重视。

（三）劳模精神的与时俱进

一方面，劳模评选制度随着革命、建设在不同时期的主题任务改变而相应改变，每一时期都产生了一批彰显时代特征的劳动模范，劳模精神内涵也相应地被赋予特有的时代元素，这充分体现了事物发展中“变”的特质。另一方面，劳模作为时代的领跑者，劳模精神作为时代精神的集中体现，引领社会大众投身于社会主义事业建设的价值导向作用不曾改变，这又充分体现了规律性的“不变”的特质。

1. 劳模精神内涵的演进

陕甘宁边区政府时期，我国正处于抗日战争阶段，劳动英雄和先进生产者主要来自农业、机关和军队，主导思想是“服务战争”，劳模精神则是“为革命献身、革命加拼命、苦干加巧干、经验加创新”。[①] 中华人民共和国成立之初的劳模主要来自工业战线的基层，一线产业技术工人是主流，评选出来的劳模通常是具有熟练的操作技能、良好的生产能力的“老黄牛式”的技术工人。王进喜、时传祥、张秉贵、倪志福是这一时期的代表人物，劳模精神的内涵则演变为“艰苦奋斗、自力更生、无私奉献”。[②] 20世纪70年代末至80年代末，开始采用生产力标准评选劳模，林巧稚、陈景润、邓稼先等科研

---

① 游正林．我国职工劳模评选表彰制度初探［J］．社会学研究，1997（6）：7.

② 王永玺，张晓明．简述中国劳模的发展历史［J］．北京市工会干部学院学报，2010（9）：8.

工作者成为代表人物。这一时期的劳模不仅具有无私奉献、拼命苦干的“老黄牛”精神，而且更强调其对生产力发展的促进作用和对改革开放事业的突出贡献。

进入常态化制度化时期，大部分劳模渐渐具有“知识型、创新型、技能型、管理型”等特点，[①] 许振超、包起帆、孔祥瑞、巨晓林等一大批高技能人才成为劳动模范的代表人物。2005 年 4 月 28 日，胡锦涛在全国劳模表彰大会上指出：“一代又一代先进模范人物，以自己的实际行动铸就了‘爱岗敬业、争创一流，艰苦奋斗、勇于创新，淡泊名利、甘于奉献的伟大劳模精神’。”[②] 这是首次以 24 个字对劳模精神进行生动概括。至此，劳模精神的内涵形成完整表述。之后，在 2010 年和 2015 年的全国劳模和先进工作者表彰时，都用了这一固定表述来阐释和宣传劳模精神。

2. 劳模精神内涵的内在逻辑

“爱岗敬业、争创一流，艰苦奋斗、勇于创新，淡泊名利、甘于奉献”构成了劳模精神的丰富内涵。就其内在逻辑而言，“爱岗敬业、争创一流”是劳模的奋斗目标；“艰苦奋斗、勇于创新”展现了劳模的精神风貌；“淡泊名利、甘于奉献”体现了劳模的思想境界，三方面相辅相成、互为补充。[③] “艰苦奋斗、勇于创新”的精神风貌是实现“爱岗敬业、争创一流”的奋斗目标的基础，“淡泊名利、甘于奉献”的思想境界又是展现“艰苦奋斗、勇于创新”的精神风貌的必要条件。这就要求，新时期劳模精神应具有敬业、创新和奉献三方面的特质。敬业是劳模精神的核心，所有劳模应具备脚踏实地、求真务实的敬业精神；创新是时代赋予劳模精神的新内涵，新时期劳模不仅是敬业奉献“老黄牛”，更应当是知识型、技能型、创新型人才的典范；奉献则是

---

① 王永玺，张晓明．简述中国劳模的发展历史［J］．北京市工会干部学院学报，2010（9）：8.

② 胡锦涛．在全国劳动模范和先进工作者表彰大会上的讲话［DB/OL］．新华网，2005－4－30.

③ 徐大慰．劳模精神的时代内涵及其现实价值［J］．中国井冈山干部学院学报，2016（9）：123.

劳模精神的主旋律，任何时代的劳模都需具有默默奉献、勇于付出、不计回报的精神特质。

“爱岗敬业、争创一流”是劳模精神的本质特征，体现了劳模对国家、社会、职业的高度责任感、使命感和舍我其谁的主人翁精神。“艰苦奋斗、勇于创新”是劳模精神的品质体现，劳模是辛勤劳动、诚实劳动、创造性劳动的实践者，他们发奋图强、敢为人先，在实现中华民族伟大复兴的征程中彪炳史册。“淡泊名利、甘于奉献”则是劳模精神的价值追求，随着时代变迁，劳模精神的内涵不断丰富发展，但劳模精神的价值追求和精神引领未曾改变，每一时期的劳模都不计名利、甘于平淡，在体现党和国家价值导向的同时，带领着更多人积极投身于社会主义建设事业。

二、劳模精神和工匠精神的时代价值

党的十九大报告指出，要“弘扬劳模精神和工匠精神，营造劳动光荣的社会风尚和精益求精的敬业风气”。① 2018 年，习近平总书记在同中华全国总工会新一届领导班子成员集体谈话时指出，“劳动模范是民族的精英、人民的楷模”“使广大职工在理想信念、价值理念、道德观念上紧紧团结在一起”。② 2015 年，习近平总书记在庆祝“五一”国际劳动节大会上的讲话中指出：“劳动模范和先进工作者是坚持中国道路、弘扬中国精神、凝聚中国力量的楷模，他们以高度的主人翁责任感、卓越的劳动创造、忘我的拼搏奉献，为全国各族人民树立了学习的榜样。”③

---

① 习近平．决胜全面小康社会夺取新时代中国特色社会主义伟大胜利［M］．北京：人民出版社，2017.

② 习近平．习近平同中华全国总工会新一届领导班子成员集体谈话并发表重要讲话［N］．新华社，2018－10－29.

③ 习近平．在庆祝“五一”国际劳动节暨表彰全国劳动模范和先进工作者大会上的讲话［M］．北京：人民出版社，2015.

（一）劳模精神的时代价值

实现中华民族伟大复兴是中华民族的伟大梦想。习近平深刻指出："实现我们的奋斗目标，开创我们的美好未来，必须紧紧依靠人民、始终为了人民，必须依靠辛勤劳动、诚实劳动、创造性劳动。"① 精神是融于主体内心的一种人格模式，其内涵是主体价值观的重要组成部分，并外化于被社会所认同的日常行为当中，往往具有持久性、稳定性、引领性等特征。80 年来，劳模的评选标准、评选范围、表彰形式、表彰人数、表彰频率、表彰名称等随着经济社会发展而不断演变，无论怎么变化，劳模都是时代的楷模和学习的榜样，劳模精神成为社会主义核心价值体系的重要内容，一直发挥着调动社会情绪、统一社会思想、整合社会力量的积极作用。劳模的先进事迹能够感召社会，劳模的优秀品质可以引领风尚。进入新时代，大力弘扬劳模精神，有利于培养造就一支有理想守信念、懂技术会创新、敢担当讲奉献的宏大产业工人队伍，推动中国速度向中国质量转变、中国制造向中国创造转变、制造大国向制造强国转变；有利于在全社会营造崇尚劳动的浓厚氛围和精益求精的敬业风气，让"劳动最光荣，奋斗最幸福"成为时代最强音；有利于引领广大劳动者勤奋做事、勤勉为人、勤劳致富，积极培育践行社会主义核心价值观。在实现伟大梦想的征程中，只要充分发挥劳模精神的引领作用，充分调动广大劳动人民的积极性、主动性和创造性，持续提升广大劳动者的思想境界和能力素质，就一定能最大限度地聚合起人们饱满的奋斗热情、激发起昂扬的拼搏斗志，从而为实现中国梦凝聚起磅礴的中国力量。

（二）工匠精神的时代价值

从全球来看，随着新一轮技术革命和产业变革的兴起，国际产业分工格

① 习近平．在同全国劳动模范代表座谈时的讲话［N］．人民日报，2013－04－29.

局正在重塑。一些传统工业强国借助技术优势、人才优势抢占先机，引领先进制造业、工业互联网等高端领域的发展，而发展中国家则只能凭借资源、劳动力等比较优势在中低端领域展开竞争，中国制造正面临着先进制造与低成本制造的双向挤压。《中国制造 2025》提出，“到 2025 年，制造业重点领域全面实现智能化”。大数据、人工智能的快速崛起，生产的高度自动化和智能化推动了现代制造业的深刻变革，大大降低了企业对一线劳动岗位和管理岗位需求的同时，也相应大幅度增加了对数据分析、工业软件开发、系统集成、用户互动设计、设备调试运维等智能制造装备及服务领域专业性、高素质人才的需求。技能型劳动者数量和质量是先进制造业竞争的重要因素，培育高技能人才队伍是建设制造业强国的根本途径。大国工匠身上的技艺达到国内甚至国际一流水平，是我国产业工人队伍核心竞争力之所在，也承载着大国使命担当中所蕴含的深沉厚重的价值追求。中国制造要成功实现结构调整、转型升级的跨越性转变，就必须有一支宏大的知识型、技能型、创新型劳动者大军，其中就应包含一大批创新创造、技艺精湛、敬业奉献、以大国工匠为代表的高技能人才。就创新驱动战略而言，依托国家重大工程和科技项目，瞄准制约中国制造品质的关键共性技术、前沿引领技术、现代工程技术和颠覆性技术，培育大国工匠、进行技术攻关，有助于提升中国制造的核心竞争力，彻底扭转关键技术受制于他人的被动局面，从而为建设科技强国、航天强国、质量强国、交通强国、网络强国等奠定坚实基础。对行业发展来说，大国工匠是核心技术和关键技术的发明者，是行业内最顶尖的领军人才，其技术能力和操作水平代表了本行业的最高水准。在攻克技术难题、制定行业标准等方面，大国工匠能够发挥引领示范作用，从而带动整个行业实现跨越式发展。从人才梯队建设来看，培育大国工匠是加强高技能人才队伍建设的有效途径，可以依托工匠工作室，通过“手把手、面对面”的方式向有意愿、有潜能的年轻职工传授技艺，彰显精益求精的敬业风气，实现核心技术的薪火相传和高技能人才的梯队建设。显然，在新的历史方位上，可谓国之重器的大国工匠责无旁贷，工匠精神更是宝贵的中国特色社会主义精神文化财富。

2016 年 4 月 26 日，习近平总书记在安徽合肥考察时首次指出，“在工厂车间，就要弘扬‘工匠精神’，精心打磨每一个零部件，生产优质的产品”。[①] 之后，总书记又在多个场合强调要弘扬工匠精神。2017 年的政府工作报告提出：“质量之魂，存于匠心。要大力弘扬工匠精神，厚植工匠文化，恪尽职业操守，崇尚精益求精，培育众多‘中国工匠’，打造更多享誉世界的‘中国品牌’，推动中国经济发展进入质量时代。”[②] 随着“工匠精神”多次出现在官方重要文件中，“大国工匠”与“工匠精神”一起成为社会热词。在中华优秀传统文化中，工匠精神植根于农耕文明，形成了别具一格的精神特质。首先是“擅工尚巧”的创造精神。作为一名工匠，匠人的“巧”既要体现在手工操作上，又要包含以巧思为内涵的创造性思维。其次是“精益求精”的工作态度。一名娴熟工匠在制造器物时，往往追求将技艺的精湛与产品的精致完美结合，其背后常常凝结着古人精益求精、精雕细琢的工作态度。最后是“道技合一”的人生境界。匠人们一方面努力练就卓尔不群的技艺、创造经久传世的作品，另一方面也希望通过精心钻研技艺而领悟到“道”的真谛，让自己达到更高的人生境界。[③] 工匠精神，在劳动态度方面体现为精益求精、追求精湛的劳动境界，在职业道德方面则表现为追求完美、敬业坚守的精神气质，在价值实现上则致力于勇于革新、不断超越的创新创造。随着机器大工业逐步替代传统小作坊、智能制造业渐渐替换传统制造业，智能化、信息化、自动化制造模式成为必然趋势，进一步促进了劳动生产率的大幅度提高。然而，在人类漫长劳动实践中沉淀下来的工匠精神却不会消亡，将依然贯穿于

---

① 习近平．习近平在知识分子、劳动模范、青年代表座谈会上的讲话［N］．人民日报，2016－04－30（02）．

② 李克强．政府工作报告（摘登）［N］．人民日报，2017－03－06（02）．

③ 肖群忠，刘永春．工匠精神及其当代价值［J］．湖南社会科学，2015（6）．

整个工业制造体系当中，成为工业时代和后工业时代人类持续创新科学技术、创造物质文明的不竭动力。在国际竞争日益加剧、提高劳动者素质上升为国家战略的时代背景下，我国制造业转型升级和实现工业强国战略更加呼唤工匠精神。弘扬工匠精神，既是我国在现代化进程中必须面对的时代课题，也需要个人、企业、社会、国家多方的共同努力。

（三）用劳模精神和工匠精神推进产业工人队伍建设改革

要扎实推进产业工人队伍建设改革。面对日趋激烈的国际竞争，一个国家的发展能否抢占先机、赢得主动，越来越取决于国民素质特别是产业工人素质。要认真贯彻党中央关于产业工人队伍建设改革的决策部署，切实履行牵头抓总、统筹协调职责，积极主动与相关部门搞好沟通协商、分类指导、督促检查，压紧压实改革责任，推进政策衔接和落地，大规模开展职业技能培训，加快建设一支宏大的知识型、技能型、创新型产业工人大军。

要弘扬劳模精神、劳动精神、工匠精神。在我国革命、建设、改革的伟大历史进程中，工人阶级锻造了爱岗敬业、争创一流，艰苦奋斗、勇于创新，淡泊名利、甘于奉献的劳模精神，积淀了刻苦钻研、精益求精、追求卓越、创造一流的职业素养，诠释了伟大民族精神，是我国极为宝贵的精神财富。要大力宣传劳动模范、大国工匠的先进事迹，发挥劳动模范、大国工匠的示范带动作用，积极营造劳动光荣的社会风尚和精益求精的敬业风气，让诚实劳动、勤勉工作蔚然成风，引导广大职工以劳动创造托起中国梦。

三、建设富有“干劲、闯劲、钻劲”的产业工人队伍

2018 年 4 月 30 日，在“五一”国际劳动节到来之际，习近平总书记给中国劳动关系学院劳模本科班 38 名学员回信，向他们并向全国所有劳动模范、全国广大劳动者致以节日问候。在回信中，习近平总书记寄希望于广大劳模

“用你们的干劲、闯劲、钻劲鼓舞更多的人，激励广大劳动群众争做新时代的奋斗者”。这是习近平总书记首次用“干劲、闯劲、钻劲”阐释劳模精神，可以说，这三个“劲”既丰富了新时代劳动精神、劳模精神、工匠精神的内涵，又集中体现了新时代奋斗者的精神趣旨。

全面建成小康社会、基本实现现代化、实现中华民族伟大复兴，归根结底，需要靠劳动来创造。在这一伟大历史进程中，工人阶级是我国全面建成小康社会、基本实现现代化和实现中华民族伟大复兴的主力军，而产业工人又是工人阶级的主体力量和中坚力量，因此，实现中华民族伟大复兴就必须培育一支富有“干劲、闯劲、钻劲”的产业工人队伍。

（一）建设富有“干劲”的产业工人队伍，让实干担当在新时代蔚然成风

1. 干劲是对劳动精神和劳模精神的生动阐释

“干劲”就是诚实劳动、真抓实干的劲头，这是对劳动精神和劳模精神的生动阐释。习近平总书记曾深刻指出，“劳动是财富的源泉，也是幸福的源泉。人世间的美好梦想，只有通过诚实劳动才能实现；发展中的各种难题，只有通过诚实劳动才能破解；生命里的一切辉煌，只有通过诚实劳动才能铸就”。幸福不会从天而降，梦想不会自动成真。要实现中国速度向中国质量转变、中国制造向中国创造转变、制造大国向制造强国转变，归根结底需要广大产业工人的辛勤劳动、诚实劳动、创造性劳动。广大劳动模范作为劳动者的先进生产力的杰出代表，他们自身就是在苦干实干中成长起来的、在爱岗敬业中拼搏出来的。广大劳动模范是产业工人的“排头兵”，也是“真抓实干”的榜样和楷模，富有“干劲”是这个先进群体的闪亮特质。对新时代的产业工人而言，首先要树立“用实干成就事业，靠奋斗铸就梦想”的正确价值理念，通过自己的艰苦奋斗提升自我、实现自我；同时要学习广大劳动模范爱岗敬业、争创一流的劳模精神，为企业和社会作出更多、更大的贡献。

通俗说来，新时代产业工人的“干劲”可以在敢想敢干、能干会干、苦干实干等方面充分体现出来。

2. 多措并举，建设富有“干劲”的产业工人队伍

当前，我国产业工人的精神风貌总体上是积极向上、努力拼搏的。但由于受现实利益得失的刺激和一些不良风气的影响，一部分职工在工作中还存在敬业意识不强、工作干劲不足、吃苦耐劳不够等情况，一部分职工处于“出工不出力或出工不出心”的相对消极状态，进而影响劳动效率、工作质量，甚至还有一少部分职工拿岗位不当回事儿，以“三天打鱼，两天晒网”的懒散态度对待工作。针对这些“干劲不足”的种种表现，我们应当从思想引领、素质提升、权益保障等多方面着手，积极作为，多措并举，努力培育产业工人队伍的“干劲”。

一是要加强对产业工人的思想政治教育和价值引领。认知主导行动，从政府的政策导向到企业的制度安排，再到社会舆论，都要引导产业工人树立正确积极的劳动价值观，切实形成真抓实干的作风，让实干担当在新时代产业工人队伍中蔚然成风。要激发产业工人爱岗敬业、争当劳模的热情，让劳动精神和劳模精神成为新时代产业工人的主旋律。逐步形成宣传推广、教育引领、培育选树、表彰激励、服务管理为一体的、综合性的劳动模范工作体系，充分发挥劳模在产业工人队伍中的榜样和表率作用，使“劳模文化”深入人心，营造人人尊敬劳模、学习劳模、争当劳模的社会环境和舆论氛围。

二是要高度重视产业工人的素质提升。真抓实干不仅要求“敢想敢干”，还要求“能干会干”。着力提高产业工人队伍综合素质，尤其是产业工人的技能水平，是实现产业工人“能干会干”的基础和保证。要坚决贯彻《新时期产业工人队伍建设改革方案》的精神，构建完整的产业工人技能形成体系，建设一支宏大的高素质、高技能产业工人队伍。

三是要切实增强产业工人的获得感。在政治上，提升产业工人主人翁地位，适当增加产业工人在党的代表大会代表和委员会委员、人民代表大会代表、政协委员、群团组织代表大会代表和委员会委员中的比例，探索实行产业工人在群团组织的挂职和兼职等。在经济上，要始终实现好、维护好、发展好产业工人的根本利益，健全向一线产业工人倾斜的分配制度，做好产业工人的社会保险关系接续、加强产业工人的安全生产和职业健康工作。只有让广大产业工人尝到苦干实干的“甜头”，大家才有进一步努力工作的“劲头”。

（二）建设富有“闯劲”的产业工人队伍，让改革创新在新时代焕发活力

习近平总书记深刻指出，“发展是第一要务，人才是第一资源，创新是第一动力”。当前，我国正处于传统产业优化升级的攻坚期，大力发展先进制造业和现代服务业的战略机遇期，这些产业的发展都需要持续的创新驱动。创新不仅是某一些精英或某一类群体的事情，而是一种精神、一种实践、一种动力，需要各行各业的劳动者都积极参与进来。在我国实施创新驱动发展战略的背景下，培育敢闯敢试、勇为天下先的富有“闯劲”的产业工人队伍，是题中应有之义。

1. “闯劲”就是改革创新、开拓进取的精神

“闯”即意味着先行先试、勇破善立，既要破旧，更要立新；“闯劲”蕴含着改革创新、开拓进取的精神。对产业工人而言，闯劲的体现就是立足本职岗位，不断积累知识和提升技能，在生产技术、工艺流程、现场管理等方面努力开展创造创新活动，围绕企业生产经营管理工作的重点和难点问题，大胆提出合理化建议，勇于进行技术革新，敢于展开技术攻关，积极尝试发明创造。

随着制造业的转型升级，先进制造业的发展必然带来移动互联网、大数据、人工智能等信息技术和实体经济的深度融合，新技术、新产业、新业态、新模式等都将递次出现，贯穿这一过程的则是持续不断的革新创造。作为产

业发展的主体力量，产业工人必须适应这种发展和变化，与时俱进，以敢闯敢试的勇气，培养改革创新和开拓进取精神，形成人人愿创新、人人会创新、人人善创新的创新氛围和创新格局。

2. **协同推进，建设富有“闯劲”的产业工人队伍**

在过去较长一段时期中，我国一些地区已注重发展劳动密集型产业，创造的很多工作岗位是熟练型工种，导致职工技能水平不高、创新动力不足的现象比较普遍，这已成为我国制造业转型升级过程中的短板。新时代赋予新使命，新使命要有新担当。新时代的产业工人不仅要懂技术，还要有创新精神，不能因循守旧，不能抱残守缺，不能裹足不前。我们要积极采取措施，发挥协同作用，从培育创新理念、提升创新技能、构建激励机制等方面着手，突破技术瓶颈，让改革创新、开拓进取的精神在新时代产业工人队伍中焕发出强劲活力，打造一支有创新理念、有创新能力、有创新成果的产业工人队伍。

一是大力倡导培育产业工人的创新理念。再先进的技术和设备，也要靠产业工人来运用和操作。我国制造业的转型升级除了需要“高精尖”的科研人员之外，还迫切需要一支懂技术、会创新的一线产业工人队伍。他们长期在一线工作，具有较强的现场作业优势，可以发挥对机器、设备和工艺非常熟悉优势，大胆进行一些小发明、小创造。产业工人的创新发明虽“小”，但往往很实用，能为企业直接创造价值。所以，政府、企业、工会等部门都要加大宣传教育力度，引导广大产业工人充分认识到技术革新的重要意义，从内心深处激活他们的创新创造意识。

二是着力提升产业工人的技能水平。创新既可能是对原有技术技能的改善，也可能是全新技术技能的开发，这两种创新都需要一定的现实支撑。随着社会分工的进一步细化，行业之间、工种之间、岗位之间的区分也更加显著，创新往往需要职工具备必要的专业知识和技术技能。应通过完善现代职业教育制度、改革职业技能培训制度、统筹发展职业学校教育和职业培训、改进产业工人技能评价方式等各项举措，着力提升产业工人的整体技能水平，培养更多高技能人才，为产业工人的创造和创新奠定坚实基础。

三是切实激发调动产业工人的创新激情。培育产业工人的闯劲，既需要做理念引导，更需要给予切实激励。只有使他们在敢闯敢试、开拓创新中切实尝到“甜头”，他们才会有更多锐意进取、积极革新的“劲头”。鉴于此，应建立培养、使用、考核、待遇相统一的产业工人创新激励机制，加大对产业工人创新成果转化的政策激励，建立技术工人创新成果按要素参与分配的制度，推动具备条件的行业和企业建立职工创新小组、职工创新工作室、职工创新基地，从而有效激发、调动、保护产业工人的创新激情。

（三）建设富有“钻劲”的产业工人队伍，让工匠精神在新时代落地生根

习近平总书记深刻指出：“一切劳动者，只要肯学肯干肯钻研，练就一身真本领，掌握一手好技术，就能立足岗位成长成才，就都能在劳动中发现广阔的天地，在劳动中体现价值、展现风采、感受快乐。”进入新时代，现代经济体系的构建、中国制造的转型升级、供给体系质量的提升、中国品牌建设和制造强国战略的实施都需要一支富有“钻劲”的产业工人队伍。

1. “钻劲”就是勤于钻研、精益求精的工匠精神

“钻劲”就是勤于钻研、精益求精的精神，是工匠精神的生动阐释。“钻劲”是一种追求极致的劳动境界，是对劳动的更高要求，可以体现在具体产品中，也可以凝结在品牌建设里。对产业工人而言，“钻劲”是一种职业精神和职业品质，就是要热爱和专注自己的岗位，在品质上深耕细作、严谨认真，追求每一个细节的完美和极致，力求做到产品和服务的优质和卓越。“钻劲”也要求职工在工作岗位上坚持高标准、严要求、不放过任何一个细节，将工作做到极致。同时，“钻劲”还需要职工具有恒定专一、追求完美和精益求精的工作态度，要追求突破和创新，能够不断超越自我。

中国经济发展已进入追求产品质量的时代。无论什么样的产品，最终都是由职工通过劳动生产创造出来的，要生产高质量的产品，实现“三个转变”，就必须有一支结构合理、技术过硬的产业工人，更要有一大批技艺超群、追求极致的优秀工匠。

2. 崇尚工匠，建设富有“钻劲”的产业工人队伍

习近平总书记关于工匠精神的论述，既有关于高质量发展的战略部署，也有关于品牌建设的实践路径，还有精良制造的殷殷嘱托，归根结底，强调的是精益求精、追求卓越的工匠精神。工匠精神能够体现在职工实实在在的劳动过程中，最终将通过劳动者生产的产品和提供的服务来体现。在追求数量和短期利益的驱使下，一些企业和商家忽视对精益求精意识的倡导和培养，使工匠精神缺失成为一种较为普遍的现象，导致一些产品和服务的质量遭受诟病，并对品牌建设形成制约。构建现代经济体系，实现高质量发展，就必须要培育出富有“钻劲”的产业工人队伍。

一是营造崇尚工匠精神的浓厚社会文化氛围。向全社会释放出强烈信号，引导大家尊重工匠、崇尚工匠精神，形成培育工匠、学习工匠、争当工匠的浓厚氛围。及时推出一些具有先进事迹和杰出成就的优秀工匠，广泛宣传优秀工匠的成长之路，让大家看得见、学得到，推动大国工匠成为引领社会风尚的风向标。

二是培育精益求精的企业文化和职工文化。引导企业摒弃那些急功近利、追求“短平快”的项目，强化质量意识，培育肯于磨炼、精益求精的工作态度。大力发展先进企业文化和职工文化，引领广大职工，尤其是技能型职工，树立“十年磨一剑”的工作理念，努力追求生产高品质产品和提供高水准服务。

三是建立工匠精神的激励和保障机制。不同的制度安排会对一个人产生不同的激励和行为反应。要进行培育和激励“工匠精神”的综合制度设计，包括：搭建产业工人技能学习平台，构建产业工人技能形成体系，提高产业工人和优秀工匠的收入水平和社会地位，在全社会营造尊重劳动、尊重技术、尊重工匠的社会氛围，等等。

新时代属于每一个人，每一位劳动者都是新时代的见证者、参与者、建设者。“干劲”是劳动精神和劳模精神，“闯劲”是改革创新、开拓进取的精神，“钻劲”是勤于钻研、精益求精的精神。建设富有“干劲、闯劲、钻劲”的产业工人队伍，就是要让实干担当在新时代蔚然成风，让改革创新在新时代焕发活力，让精益求精在新时代落地生根，这是新时期产业工人队伍建设改革的必然要求。如果每一位产业工人都富有这三个劲头，那么中国制造向中国创造转变、中国速度向中国质量转变、制造大国向制造强国转变就一定能早日实现。

第五章

职业教育：构建新时代产业工人技能人才培养体系

党的十九大报告提出，要“建设知识型、技能型、创新型劳动者大军，弘扬劳模精神和工匠精神，营造劳动光荣的社会风尚和精益求精的敬业风气”。[①] 近年来，中央电视台播出的《大国工匠》系列专题片，充分展示了我国当代大国工匠的风采，彰显了这些大师身上所蕴含的“热爱、专注、极致、坚守、神功、担当”的工匠精神，引起了社会各界的广泛关注。在中国制造向中国创造、中国速度向中国质量、制造大国向制造强国转变的进程中，必须有一支结构合理、技艺精湛的高技能人才队伍，更需要一大批精益求精、身怀绝技的大国工匠。那么，大国工匠从哪里来，工匠精神如何弘扬？2017 年 3 月 12 日，教育部部长陈宝生在就“教育改革发展”回答中外记者的提问时给出了答案，“职业教育提供两个公共产品，一个公共产品是在全社会通过职业教育弘扬工匠精神，一个公共产品是提供大量的大国工匠”。[②] 可见，制度化培养大国工匠和弘扬工匠精神的具体途径就是发展好职业教育，特别是高等职业教育，积极建设中国特色产业工人技能形成体系。

一、新中国成立以来产业工人技能养成体系的演变

在西方学术界，技能形成被视为制度集中的一个重要组成部分（Kathleen

① 习近平在中国共产党第十九次全国代表大会上的报告．中国共产党第十九次全国代表大会文件汇编［M］．北京：人民出版社，2017（10）：25，37.

② 中华人民共和国教育部．十二届全国人大五次会议举行记者会陈宝生就“教育改革发展”答记者问［DB/OL］．http：//www.moe.edu.cn/jyb_xwfb/gzdt_gzdt/moe_1485/201703/t20170313_299293.html，2017－03－13/2017－12－31.

Thelen，2004）①，国外研究中已经证明了制度变化会改变技能形成的模式②。总的来看，新中国成立以来，产业工人技能养成体系主要经历了社会主义建设探索时期和中国特色社会主义市场经济体制时期两大阶段。

（一）社会主义建设探索时期（1956—1978）

在中国传统计划经济条件下，中国产业工人的技能形成体系主要由三个部分组成：一是相对完善的职业技能认证体系；二是以单位制和稳定就业为基础的“师徒制”培养体系；三是主要面向城镇居民的职业学校教育体系③。庄西真（2010）认为，我国的大批技术工人主要受到职业学校和工厂的影响。职业学校是技术工人形成的地方，工厂是技术工人成长的地方，一个人从职业学校学生到成为工厂里的员工，再成长为一个技术工人，是一个由几个环节构成的连续过程，每一个环节都在职业经历范畴之内，是不可或缺，不能相互替代的。

1. 职业学校教育培训：由城镇居民向职校学生转变

1949 年，中华人民共和国成立后，百废待兴，发展职业教育、培养急需的技术人才，成为迫切的国家任务。中国借鉴苏联职业教育经验，在旧中国教育体系基础上，开始了职业教育的实践与探索。具有临时宪法性质的《中国人民政治协商会议共同纲领》，在涉及教育方针时明确提出“注重技术教育”。1952 年中央政府发布了《关于整顿和发展中等技术教育的指示》，明确技术人才是国家经济建设的必备条件和当务之急。1958 年，中共中央、国务院发出“国家办学与厂矿、企业、农村合作社办学并举”的号召④，随后，

① Kathleen，T. How Institutions Evolve：The Political Economy of Skills in Germany，Britain，the United States，and Japan［M］. Cambridge University Press，2004.

② 刘玉照，苏亮. 社会转型与中国产业工人的技能培养体系［J］. 西北师范大学学报（社会科学版），2016（1）：25－32.

③ 刘玉照，苏亮. 社会转型亟须培养高技能新产业工人. 中国社会科学在线，2014 年 04 月 11 日 09：47.

④ 中共中央、国务院：《中共中央、国务院关于教育工作的指示》，1958 年 9 月 19 日.

构建起中等专业教育、技工教育、农业中学（职业中学）相结合的中等职业教育制度。20 世纪 60 年代推行“两种劳动制度，两种教育制度”的半工半读教育思想。

到 20 世纪五六十年代，中等职业学校数量虽适应不同时期经济社会的需求有所增减，但总体而言达到了遍布城乡的程度。至 1965 年，我国拥有职业中学6.16 万所①，在校学生443.34 万人；技工学校281 所，在校学生10.1 万人；中等专业学校 1265 所，在校学生 54.74 万人②。

1949 年中华人民共和国成立后，工人具有领导阶级的社会地位，实行固定工制度。城镇居民通过职业，掌握相关理论知识和技术基本技能，毕业后，直接进入相关单位工作，与单位签订稳定长期合同，成为单位职工。职业学校教育是城镇居民就业的主要渠道，也是工人技能学习的主要渠道之一。

2. “师徒制”：由学徒工到技术工

师徒制在我国由来已久，即老师带领学生进行学习、工作、生活，使学生更好、更快地融入工作当中的一种形式③。师徒制曾一度成为青年掌握技能的重要途径。在计划经济时代的国有企业中，“师徒制”作为在生产活动中通过“口传身授”的方式寓技能学习于实际操作的传授形式普遍存在④。过去新工人进厂，均由企业指定技能高超的师傅进行传帮带，学徒期满后，则由企业对其进行技能考核，确定徒弟的技能等级，达不到要求者还要延期出徒。师徒制既是新工人习得技能的重要方式，也是企业培训技术工人的主要方式。

在传统的计划经济条件下，工人阶级的领导地位，国家分配工作与永久劳动关系的固定工制度，使得“师徒制”不仅仅是技术和手艺的传承形式，更渗透到学徒与师傅的日常生活中，师傅会从日常行为方式来判断学徒的可

---

① 其中大部分为职业初中，在校生中有 365.84 万人为职业初中学生。

② 国务院办公厅．职业教育发展历［EB/OL］．http：//www. gov. cn/ztzl/fzlc. htm.

③ 百度百科．师制［OL］．https：//baike. baidu. com/item/师徒制/4152538？ fr = aladdin.

④ 吕妍，古继宝，梁樑．我国现代企业师徒制重构探讨［J］．华东经济管理，2007（4）：111 - 114.

塑性，进而加以教导。学徒们则形成一个以师傅为中心的、联系更加紧密的小团体。在工厂生活中，师傅也会对他的学徒们采取庇护关系的行为方式，这就弱化了师徒之间以技能传承为目的的工具性色彩，更加强调道德上、礼俗上的行为约束①。

由此可以看出，传统计划经济条件下的“师徒制”是新进工人由学徒工转化为技术工的关键，是产业工人习得技能，快速入职的有效路径之一。且因为劳动力流动壁垒消除了师徒制中的不确定性和风险，以及由工龄等指标作为企业内部职工晋升等内部流动的衡量标准，消除了工人之间的竞争关系，师傅和徒弟之间的利益冲突被消解，师傅能够保持在企业中稳定的地位，进而愿意将技术教授给徒弟②。与此同时，徒弟对师傅也相当尊重。这时期的“师徒制”不仅注重学徒技能的习得，更侧重对学徒进行职业道德、素养、行为的习得。

3. “八级工资制度”职业技能认证：由普通工人到技术专家

1956 年开始，在工业建设为基本任务的大背景下，为消除工分制的弊端，将工人的技术等级和工资挂钩，按照产业分为“八级工”制。③ 所谓八级工资制即依托工人的工龄、技能等因素将工资分为八个等级，一级最低，八级最高，工资额从 30 元到 130 元不等④。“八级工资制”将资源分配和工人技术能力、工种等因素相挂钩，在一定程度上体现了按劳分配的原则。

历史证明，1956 年制定、后经过修订的企业八级技术等级制度，曾在工人技术等级分层上发挥了重要作用。这种八级技术等级制得到企业工人和全社会的普遍认可。因此，在计划经济体制下，对工人的考核及等级认定，不仅成为企业内部劳动管理的一种方式，结合国家按技能等级划分的劳动工资

---

① 刘玉照，苏亮．社会转型与中国产业工人的技能培养体系［J］．西北师范大学学报（社会科学版），2016（1）：25－32.

② 王星．师徒关系合同化与劳动政治［J］．社会，2009（4）：26－58.

③ 罗东．技能人才“八级工”制度［J］．中国人才，2015（1）：62.

④ 王星．师徒关系合同化与劳动政治［J］．社会，2009（4）：26－58.

制度，而且也成为激励技术职工提高自身技能的有效措施[①]。

（二）改革开放以来的情况（1978—2018）

改革开放以来，随着单位制的解体、就业保护的弱化以及教育改革的影响，传统的企业内部的“师徒制”培养体系，以及面向城镇居民的职业教育体系受到了巨大的冲击[②]，产业工人技能培养路径也相应发生变化。

1. 职业教育：调整变革—量的积累—转型发展

改革开放之后，中国经济快速发展，科技的进步推动经济快速发展，人的技术技能提升又推动着科技的进步，人的技术技能的高低依靠教育培养。作为国民教育体系和人力资源开发重要组成部分的职业教育，在过去40年的时间内，也从调整改革期发展到量的积累期，进而到现在转型发展，构建现代职业教育体系。

调整改革期：十一届三中全会至20世纪80年代中期，工作重心是调整中等教育结构和初步发展高等职业教育。1980年10月，国务院批转教育部、国家劳动总局《关于中等教育结构改革的报告》。开始对全国中等教育结构进行调整，大力发展职业技术教育。其间，一方面，调整了中等教育结构，着重推进中等职业教育的发展；另一方面，建立了以职工大学、技术专科学校为主的高层次职业教育[③]。

量的积累期：20世纪80年代中后期至90年代中期，工作重点是完善职业教育政策建设、制定职业教育发展目标任务、建立职业教育体系，是我国职业教育空前发展的辉煌时期。1985年5月，全国教育工作会议发布了《中

① 金春玲，严海舟．“八级工”的荣誉时代，能否回来［N］．舟山日报，2011年7月12日第004版．

② 袁国敏，王飞．产业工人的职业技能培训途径研究——基于政府购买培训服务的视角［J］．山东工会论坛，2018（2）：17－24.

③ 吕景泉，米靖．150年，中国职业教育发展经历了什么［N］．光明日报，2016年12月13日第15版．

共中央关于教育体制改革的决定》，1991 年 10 月，全国职业教育工作会议审议通过了《国务院关于大力发展职业技术教育的决定》；1993 年 2 月，中共中央、国务院印发《中国教育改革和发展纲要》；1996 年 5 月颁布《中华人民共和国职业教育法》，并于 9 月 1 日正式实施。

转型发展期：20 世纪 90 年代末至今，工作重点是面对经济社会发展的新形势，明确地位、改革创新、规范管理。1999 年 6 月，全国教育工作会议上，中共中央、国务院发布《关于深化教育改革全面推进素质教育的决定》。2002 年全国职教会上颁布《国务院关于大力推进职业教育改革与发展的决定》，2005 年全国职教工作会议上颁布《国务院关于大力发展职业教育的决定》，2014 年全国职教工作会上颁布《国务院关于加快现代职业教育改革的决定》。

传统职业教育的对象主要是以就业为导向的城镇职工子女，主办者主要是地方政府和国有大中型企业，比较优质的教育资源也大部分集中于东部沿海的大中城市。职业教育的发展，为企业输送了大量技能人才，促进了经济社会进步。

但是，20 世纪 90 年代以来，社会转型导致职业教育体系逐步萎缩。主要表现在五个方面：一是企业办学职能的剥离，导致职业教育规模缩小。20 世纪 90 年代以来，国企吸纳新增劳动力的能力越来越弱，企业通过厂办职业学校进行新员工培养的意愿也越来越弱，加之，1995 年，原国家经贸委、国家教委、卫生部、劳动部联合颁布的《关于若干城市分离企业办社会职能分流富余人员的意见》和《关于进一步推进国有企业分离办社会职能工作的意见》等政策，逐渐把企业办职业学校关停并转，部分移交给地方政府，导致职业教育规模缩小。二是高校扩招导致职业教育资源相对减少。大学扩招引发了新一轮的“专升本”运动，培养职业技能为主的大专院校升级为本科院校，职业院校数量减少，高等职业教育资源相对减少。三是城镇居民就业观念的变化导致职业教育生源危机。受诸多思潮影响，城镇职工子女选择职业教育的意愿越来越低，就业观念的变化，导致职业教育出现“生源危机”。四是城乡二元制的财政投入，导致职业教育第二轮“生源危机”。财政投入限制，优质职业教育资源集中投入到城镇，而城镇越来越少的职工子女选择职业教育，造成城镇教育资源浪费，而农业人口子女无法享受这些优质资源，由此引发职业教育的第二轮“生源危机”。五是地方财政受各级人民政府领导，使农民工子女无法享受打工地职业教育资源，导致职业教育的第三轮“生源危机”，尤其是东部沿海省份的优质教育资源也没有能够及时向外来农民工子女开放，使职业教育又错失了新一轮“大发展”的机遇。

职业教育整体上虽然呈调整变革—量的积累—转型发展过程不断发展变化，但改革开放以来，受社会转型等影响，为企业输送大量技能人才的职业教育面临种种困难，职业教育体系逐步萎缩。

2. 企业内部“师徒制”培养方式式微，外部技能培训方式加强

20 世纪 80 年代后期，国家对用工制度进行重大改革，采取“先招生，后招工”“先培训，后就业”的方针，让原先完全不懂技术的学徒工逐渐被大中专、技工学校及职业高中的毕业生所替代，导致师徒制的作用逐渐被忽略。

20 世纪 90 年代开始的劳动合同制改革与国有企业工人下岗，打破计划经济时代永久劳动关系的固定用工制度，形成了灵活的市场化契约劳动关系，企业用工稳定性降低；体制外的外资企业涌入，以及本土民营企业的崛起，工人就业机会增多，流动性增强，使越来越多企业选择从市场上雇用有经验的技术工人，外部职业技能培训逐渐代替原先的企业内部培养。

市场经济条件下，工人由单位人变成社会人，人与人之间劳动竞争性关系增强，使师傅与学徒之间单纯的师徒关系，也变为市场化的劳动力竞争关系，教会徒弟，可能会对师傅形成威胁，也导致师傅在教授技术时，会有所保留，进一步弱化了师徒制的作用。

改革开放以来，传统的、发挥极大作用的师徒制面临现实冲击，企业招工往往选择带有一定技能的工人，而工人往往通过政府、社会机构等举办的各种培训习得技能。企业内部师徒培养渐渐式微，外部培训培训方式渐渐加强。“十二五”期间，我国依托各级各类院校和社会培训机构大力开展相关培训，近4000万人接受了各类高等学历继续教育，数百万劳动者接受了各类成人中等学历教育，形成了比较好的产业工人培训基础。但总体来看，还存在培训类型常规化，无法满足经济社会发展需要；培训机制陈旧化，各类培训资源配置不合理；培训功能模糊化，培训提供方和接受方缺乏互信；培训质量失控化，培训内容与实际工作不衔接等问题①。市场化的技能形成体系尚未成熟。

3. 职业技能认证：三级制取代“八级工”制

20世纪80年代后期，第三次全国性工人技术等级标准的修订，将八级等多级技术等级简化为初、中、高三级制。技术等级由工资标准的附属物变为独立衡量工人技术能力的标尺，确立了工人技术等级标准的独立地位②。确立了工人技术等级标准的“行业归口管理”原则，即按国民经济行业划分，确立各部门的行业归属，再确定行业龙头部门，由其综合行业内各部门技术要求，制订行业工种技术等级标准③。

三级制技能认证优势在于，以工人技术能力高低为标准进行认定，解决了计划经济时代“八级工”制存在的以工龄为主要指标认定级别，给定工资的问题。带来的问题包括：一是鉴定机构多，证书纷杂，使用范围有局限。二是鉴定结构市场化的运作，使鉴定证书权威性不足。三是鉴定形式重理论、轻实践，不利于产业工人主体的农民工进行鉴定。四是职业资格认定与工资待遇脱钩，不利于调动工人鉴定积极性，导致现代技能认证体系衰落。

改革开放以来，尤其是当前，对构成工人主体的农民工来说，存在“技

① 张祺午．发展先进制造业，先要加强产业工人培训［J］．职业技术教育，2017（6）．

② 刘玉照，苏亮．社会转型与中国产业工人的技能培养体系［J］．西北师范大学学报（社会科学版），2016（1）：25－32.

③ 张俊峰．关于第三次修订工人技术等级标准的思路［J］．中国劳动，1990（9）．

术流动的社会断裂”，他们在劳动过程中习得的技术虽然能够完成工作需求，但是无法得到相应资格的认可，即缺乏制度的认可，也就无法获得“应得的社会地位”①。事实上，大多数农民工的技能并非来源于学校或专门的培训，而是来源于日常劳动过程。与拥有技能证书相比，掌握实际的技术能给他们带来更显著的经济收益。在现实中，企业也更注重工人的技能经验，而不是技能证书，更是进一步导致了现代技能认证体系的衰落。

二、我国高等职业教育的发展及瓶颈

孕育大国工匠的土壤在哪里？毋庸置疑，大国工匠主要来自高素质、高技能的人才队伍。只要数以亿计的高素质技能人才队伍建设发展起来了，大国工匠也就会源源不断地产生了。而持续培养高素质、高技能人才的社会制度安排则是职业教育。从全球范围来看，职业教育是国民教育体系和人力资源开发的重要组成部分，肩负着培养高技能人才、传承工艺技术、促进创新创业的重要职能，为广大青年成功成才提供了重要途径。其中，高等职业教育更是高技能人才培养制度化的主要主体，肩负着培养符合现代产业体系所需要、承载新经济业态发展的高技能人才的重要使命。在高等职业教育为我国经济社会发展作出重要贡献的同时，也存在着人才培养有效供给不足的结构性矛盾。

（一）我国高等职业教育发展的新成就

2014 年 6 月，习近平总书记对职业教育工作作出重要指示，明确了新时期职业教育的战略地位、时代重任、发展方向、支持重点和各方职责，强调

---

① 李强．为什么农民工“有技术无地位”——技术工人转向中间阶层社会结构的战略探索［J］．江苏社会科学，2010：(6)．

了“要牢牢把握服务发展、促进就业的办学方向，深化体制机制改革，创新各层次各类型职业教育模式，坚持产教融合、校企合作，坚持工学结合、知行合一，引导社会各界特别是行业企业积极支持职业教育，努力建设中国特色职业教育体系”。指示对职业教育发展及人才培养给出了一系列重要论断，成为职业教育、人才培养的根本遵循。同年，国务院召开全国职业教育工作会议，印发《国务院关于加快发展现代职业教育的决定》，设立职业教育活动周，全国人大常委会开展职业教育法执法检查，国家层面对职业教育相关活动进行组织，对提高职业教育人才培养质量，更好地服务地方经济社会发展起到了组织保障作用。2015 年，教育部发布了《高等职业教育创新发展行动计划（2015—2018 年)》，明确提出了要“开展优质学校建设”，并明确了 31 个省级教育行政部门“建设 200 所左右优质专科高等职业院校”的任务，这成为各省教育行政部门推进高等职业教育创新发展、助力高等职业院校内涵立校的重要抓手。2017 年党的十九大报告指出，“完善职业教育和培训体系，深化产教融合、校企合作”。同年 12 月，《国务院办公厅关于深化产教融合的若干意见》指出，促进教育链、人才链与产业链、创新链有机衔接。2018 年初，教育部等六部门联合印发《职业学校校企合作促进办法》，对职业教育、人才培养的根本遵循“产教融合、校企合作”进行了顶层设计和工作部署，为探索中国特色的职业教育指明了努力方向，开辟了发展道路，职业教育人才培养迈入了质量发展的黄金阶段①。

高等职业教育是我国高等教育体系的重要组成部分。近年来，在党和国家的大力倡导和支持下，我国的高等职业教育取得了一系列新成就。

一是学校数量和在校生人数显著提高，成为国民教育体系的重要组成部分。截至 2013 年，全国有中等职业学校 1. 23 万所，高职专科院校 1321 所，本科院校 1170 所，高职高专院校在数量上超过普通本科院校数量。我国中等

---

① 郭福春．改革开放 40 年我国职业教育人才培养之路［J］．中国高教研究，2018（8）：35.

职业教育年招生674万，在校生1922万。高等职业教育年招生318万，在校生973万。职业教育不论是学校数量还是学生人数在整个教育体系中都占据着重要地位。

二是发展模式不断完善，与市场需求匹配程度不断提高。践行校企合作，学生培养对接生产过程和市场需求。根据教育部职业教育与成人教育司对270多所高职院校的调研情况看，2011—2013年，高职“订单”培养学生的比例显著增加，达到了29.5%，提高了将近10个百分点；实践教学的课时数从47.68%增加到52.8%。

三是践行产教融合，专业设置对接产业企业岗位。各职教院校根据区域经济发展和产业发展适时调整专业设置，根据实际市场需求适时调整专业设置，职业教育与培训体系的课程设置与市场需求的相关性逐步得到提高。2010年，教育部根据经济社会发展情况修订了中职学校专业目录，增加了85个专业。

四是中高职教师队伍结构有所改善。2011—2013年，中职院校新增“双师型”教师5300多人，增幅达15%；兼职教师也增加了33%；高职院校“双师型”教师的比例从60%提高到72.9%，提高了近13个百分点。

五是职业教育发展成效显著，毕业生就业状况持续向好，收入倍增，高职吸引力日渐增强。高等职业技术学校每年毕业生有300万，就业率约为80%，高职院校就业率仅次于“985”高校，2012届高等职业学校毕业生半年后的就业率为90.4%，比2011届上升0.8个百分点，并且从2009年开始，高职学校毕业生就业率连续3年上升。

（二）我国高等职业教育发展的瓶颈

一是人才培养的有效供给不足。我国高等职业教育起步于20世纪70年代，经过40余年的发展，高等职业教育体系初步形成，办学规模逐步扩大。截至2016年，全国独立设置的高职院校达1359所，共培养748个专业方向的技能人才，在校生超千万，[1] 占到了高等教育的半壁江山。从高技能人才需求侧来看，教育部、人社部和工信部联合印发的《高技能人才队伍建设中长期规划（2010—2020）》指出，2015—2020 年国家技能人才需求增长量为 3291 万，其中高技能人才 994 万，初级技能人才 2297 万；需求增长量最多的是制造业，制造业技能人才需求增长量为 1168 万，占增长量的 35.50%；高技能人才需求增长量为 398.5 万，占增长量的 40.09%。2016 年教育部颁布的《制造业人才发展规划指南》显示，制造业十大重点领域人才缺口预测情况是，2020 年为 1913.1 万，2025 年为 2985.7 万。[2] 这些数据充分反映出我国对技能人才尤其是高技能人才的需求状况，而从人才培养的供给侧来看，我国高等职业教育的人才输出还有很大缺口。《2015 年全国教育事业发展统计公报》显示，2015 年我国有高等职业院校毕业生数 322 万；[3] 据《制造业人才发展规划指南》统计，高等职业院校制造类专业点约为 6000 个，在校生 136 万。供需对比来看，这一培养规模远不能满足技能人才的市场需求。同时，高等职业院校培养的技能人才与市场需求之间还存在着结构性差异，人岗不匹配问题比较突出。在技能人才需求量巨大的制造行业，结构过剩与短缺并存，领军人才和大国工匠更是稀缺，先进制造和基础制造领域的技能人才严重不足，人才培养与企业实际脱节，工程教育的实践环节比较薄弱。一些院校为了提高就业率，倡导“先就业、后择业”的就业观，导致一些高职高专毕业生的工作与所学技能几乎无关，进一步加剧了高技能人才的匮乏。

二是传统观念与现实境遇导致社会对高等职业教育的认知存在偏见。自

---

① 中华人民共和国教育部.2016 年全国教育事业发展统计公报［DB/OL］. http：//www. moe. edu. cn/jyb_ sjzl/sjzl_ fztjgb/201707/t20170710_ 309042. html，2017 -07 -10/2017 -12 -31.

② 中华人民共和国工业和信息化部．教育部人力资源和社会保障部工业和信息化部关于印发《制造业人才发展规划指南》的通知［DB/OL］. http：//www. miit. gov. cn/n1146290/n4388791/c5500114/content. html，2017 -02 -24/2017 -12 -31.

③ 中华人民共和国教育部.2015 年全国教育事业发展统计公报［DB/OL］. http：//www. moe. edu. cn/srcsite/A03/s180/moe_ 633/201607/t20160706_ 270976. html，2016 -07 -06/2017 -12 -31.

古以来，儒家传统思想一直倡导“万般皆下品，唯有读书高”“劳心者治人，劳力者治于人”“君子不学器”等较为消极的劳动价值观。受这些传统思想的影响，中国家长普遍重视普通高等教育，而轻视职业技能教育，大部分学生家长宁可让自己的孩子选择千军万马过独木桥、竞争激烈的普通高等院校，也不愿意他们接受职业技能教育。在我国高考招生录取时，普通高等院校录取完毕后，职业院校才能录取，客观上造成了普通院校掐尖、职业院校收尾的现状。很多时候，选择职业院校成为高考失利孩子的无奈之举，导致职业院校的生源不足或基础薄弱。此外，在我国产业技能人才的社会地位和待遇整体偏低，在奖金福利、职级晋升、职称评定发面发展也不够通畅。这些社会现实进一步造成了人们对高等职业教育认知上的偏差，形成对高等职业教育的偏见。

三是一些高等职业院校的办学理念和办学定位不够准确。我国的高等职业院校，或者是普通本科院校的二级职业技术学院，或者是普通专科学校改制而成，或者从重点中等专业学校升格而来。这一历史沿革，使一些高职院校不能准确把握职业教育的性质，容易将高等职业教育办成本科的压缩和中专的放大。近年来，由于普通高等院校大规模扩招，高等职业院校生源数量大量减少和质量降低，给高职院校的生存和发展带来巨大挑战。有的院校放弃传统优势，改变办学定位向普通本科院校靠拢；有的院校追求收益高、见效快，放弃特色专业，开办短期培训班；有的院校过度市场化，为了经济利益，不切实际地扩大招生，盲目开办热门专业。由于高职高专院校办学理念和办学定位不够准确，高技能人才培养也往往变动不居，难以形成成熟稳定的培养模式，也就很难培养出符合市场需求、国家需要的高技能人才。

四是一些高等职业院校在教育教学安排上与市场需求和国家需要脱节。从教学方式看，有的院校重课堂教学，轻实践能力培养，教学和实践脱节，学生实践能力不足。从教学内容看，有的院校不考虑新技术的推陈出新，使用的教材多年不变，教学内容过于陈旧，学生学的知识都是过时的，到了企业才发现所学技能根本不能满足企业需要。从师资队伍建设看，既能在课堂上进行理论教学，又能在企业进行实际操作的“双师型”教师比例不高，是高等职业院校普遍存在的问题。常见的情况是，精通理论的教师缺乏实际操作能力，而擅长操作的教师又无法很好地将理论知识讲授给学生。从校企合作看，学校与企业的产教融合不够，学校不能准确地掌握企业需求，企业也不能及时将学校的研究成果转化为市场化的产品。

三、建设中国特色产业工人技能形成体系的制度路径

与现代工业制造强国相比、与我国经济转型对高技能人才的需求相比，我国高等职业教育还不能实现高技能人才的制度化有效供给。从制造大国向制造强国，从低端制造业向优质精品制造转型，需要加快高等职业教育的发展，优化培养大国工匠的制度路径，培养一大批大国工匠和建设一支高素质产业技术工人队伍，让高等职业教育成为培养大国工匠的摇篮。

（一）完善顶层设计

2014 年 6 月，习近平总书记出席全国职业教育工作会议并强调，“职业教育要着力提高人才培养质量，弘扬劳动光荣、技能宝贵、创造伟大的时代风尚，营造人人皆可成才、人人尽展其才的良好环境，努力培养数以亿计的高素质劳动者和技术技能人才”。[①]《现代职业教育体系建设规划（2014—2020 年）》提出，到 2020 年，我国要形成具有中国特色、世界水平的现代职业教育体系，中等职业教育在校生达到 2350 万人，专科层次职业教育在校生达到

---

① 习近平．加快发展职业教育让每个人都有人生出彩机会［DB/OL］．新华网．http：//news. xinhuanet. com/politics/2014 - 06/24/c_ 126663097. htm，2014 - 06 - 24/2017 - 12 - 31.

1480 万人，从业人员继续教育达到 3.5 亿人次。[①] 在切实落实《现代职业教育体系建设规划（2014—2020 年）》过程中，应围绕工业强国战略和现代产业体系发展，精准结合《制造业人才发展规划指南》，充分借鉴发达国家较为成熟的职业教育经验，进一步优化高等职业教育发展的顶层设计，在深化教育体制机制改革过程中为加快高等职业教育发展步伐创造更为有利的政策环境。

（二）深化产教融合

党的十九大报告指出："完善职业教育和培训体系，深化产教融合、校企合作。"[②] 2017 年 12 月 19 日，国务院办公厅发布了《关于深化产教融合的若干意见》，旨在深化产教融合，促进教育链、人才链与产业链、创新链有机衔接，推进人力资源供给侧结构性改革，在新形势下全面提高教育质量、扩大就业创业、推进经济转型升级、培育经济发展新动能。我国高等职业教育，应着眼于服务国家战略和市场需求，通过校企合作、校产合作、强化实用的办学模式深化产教融合，完善大规模高技能人才培养体系。此外，可统筹发挥好政府和市场的作用，强化高等职业院校在职业技能培训方面的功能，与企业联合办学，建立一大批实训基地，积极开展现代学徒制试点示范。创新财政补贴机制，鼓励高等职业院校根据市场需求或企业要求灵活设置教学目标、培训内容，对包括农民工在内的技术工人进行订单式短期培训，尽可能多地培养符合产业转型升级要求的高技能人才。

（三）涵养"双师型"教师

高等职业教育的师资水平直接决定高等职业教育的发展水平。而高等职

① 中华人民共和国教育部．教育部等六部门关于印发《现代职业教育体系建设规划（2014—2020 年）》的通知［DB/OL］．http：//old. moe. gov. cn//publicfiles/business/htmlfiles/moe/moe_ 630/201406/170737. html，2014 - 06 - 17/2017 - 12 - 31.

② 习近平在中国共产党第十九次全国代表大会上的报告．中国共产党第十九次全国代表大会文件汇编［M］．北京：人民出版社，2017（10）：37.

业教育师资的特殊性在于，要求教师既要有扎实的专业理论功底，又要有较强的职业技能。职业院校教师可以通过产学结合、工学结合、校企结合等方式，掌握企业先进的生产技术；通过到企业挂职，参与生产实践、一线管理、技术创新等，以获取丰富的企业经验。同时，职业院校可以通过选聘大国工匠、国家技师、劳动模范等担任客座教授或兼职教师，将企业先进生产技术传授给学生。通过学校教师走出去、技能专家走进来的长效机制，形成一支门类齐全、技术精湛的产业技术工人培训队，造就一支专兼结合的“双师型”师资队伍。

（四）搭建教育“立交桥”

普通教育和职业教育都是国民教育的重要组成部分，前者起着“顶天”作用，后者起着“立地”作用，二者好比“车之双轮、鸟之两翼”。高等职业教育对培养数以亿计的高素质劳动者和技术技能人才具有重要作用，但不能仅限于高职高专层次，应加强高等职业教育与普通高等教育的有机衔接，搭建有利于职业院校毕业生继续深造的“立交桥”，在探索提升职业院校办学层次的同时，可通过一定的遴选机制为职业院校学生转到普通高等教育序列提供便利，从而为不同层次的技术创新人才创造更优越的制度环境。

（五）提高技能人才待遇

习近平总书记深情寄语广大青少年，“要通过各种措施和方式，教育引导广大青少年牢固树立热爱劳动的思想、牢固养成热爱劳动的习惯，为祖国培养一代又一代勤于劳动、善于劳动的高素质劳动者”。① 通过家庭、学校、社会等多渠道进行劳动教育，引导青少年树立正确的劳动价值观。结合中国经济转型升级的宏观背景，切实改善以大国工匠为代表的高技能人才的经济待遇、政治地位、社会声誉，形成“技术改变命运”的示范效应，弘扬“三百

① 习近平．在知识分子、劳动模范、青年代表座谈会上的讲话［N］．人民日报，2016－04－30（02）．

六十行，行行出状元”的社会风尚，逐步改变“重学历，轻能力”“重知识，轻技能”的价值导向，[①] 让那些大国工匠、技能大师成为青年人乐于学习、甘于推崇的榜样，进而营造全社会关心、重视和支持职业教育的良好氛围，尽快改变对职业教育的偏见。

以大国工匠为代表的高技能人才是中国制造、中国创造、中国智造的强有力支撑。高等职业教育则是制度化培养高技能人才的根本途径，在我国经济转型升级过程中，应积极构建彰显中国特色、瞄准世界一流的高等职业教育体系，再通过高等职业教育制度化培养大批高素质产业技术工人，为孕育更多大国工匠奠定坚实基础，让高等职业教育成为培养大国工匠的摇篮。

① 洪浩．德国高等职业教育的特点与启示［J］．中国地质教育，2006（2）：118－119.

第六章

共利多赢：非公有制企业职工技能提升的实践路径

职工技能养成是一项牵涉企业、职工、政府、工会等相关利益主体的系统工程，本章通过实证研究，从企业视角的制度安排、职工视角的现实选择、政府视角的政策导向、工会视角的组织参与四个维度研究宁波市江北工业区企业产业工人技能养成体系情况，分析当前制造业非公企业职工技能养成体系的特点和问题，从不同主体角度提出相应政策建议。

一、职工技能提升助推现代产业体系建设

党的十八大以来，以习近平同志为核心的党中央提出了一系列关于做好人才工作、实施人才强国的战略部署，为做好人才工作提供了理论遵循和行动指南。2017 年 4 月，中共中央、国务院印发了《新时期产业工人队伍建设改革方案》（以下简称《方案》），《方案》提出产业工人是实施制造强国的有生力量，要改进产业工人技能评价方式，打造更多高技能人才。

2016 年 8 月，宁波市正式获批成为全国首个《中国制造 2025》试点示范城市。为了更好地对接国家战略，立足并充分发挥自身比较优势，宁波市确定了以智能经济为主攻方向，着力构建“3511”现代产业体系，以提高供给体系质量为主攻方向，以推动“宁波制造”优化升级和提质增效为中心，以新一代信息技术与制造业深度融合为主线，深入实施智能发展工程，创新制造模式，加快发展先进制造业，致力于打造具有国际竞争力的制造业创新中心。

宁波市江北工业区位于江北区中西部，是宁波市最靠近中心城区的重点工业园区之一，规划总面积 24. 37 平方公里，由江北投资创业中心和江北城市工业功能区组成。杭州湾跨海大桥开通后，园区成为宁波接受上海产业辐

射的重要门户区。

江北工业区积极对接宁波市江北区“都市工业、现代服务业、电商创新经济和都市休闲旅游业”四大城市核心功能建设，立足区域产业基础，加快产业智能化、集群化、规模化、高端化发展，打造高端汽车零部件产业、工业物联网产业、智能装备产业、时尚创新产业和生产性服务业产业五大特色产业集群。统计数据显示，2017 年园区规上企业 83 家，企业销售收入实现 283. 3 亿元，规上工业增加值实现 46. 4 亿元，同比分别增加 20. 3%、17. 1%；完成财政总收入 17. 9 亿元，同比增长 22. 8%。2017 年，在江北区工业企业 30 强中，江北工业区企业占到 16 家，创下历史新高。

当前，江北工业区正在重点培育高端汽车零部件、智能装备、工业物联网、时尚创新和生产性服务业五大特色产业集群，不断加快产业智能化、集群化、高端化发展步伐。江北工业区发展战略的实现归根结底要靠人才，从制造业的生产规律来看，无论是支柱产业，还是优势产业，也包括未来产业的发展，既需要一批理论功底扎实、掌握核心技术、善于创新创造的研发人员，还需要一大批实践技能突出、具有娴熟技术、善于解决实际问题的高技能人才。

为积极响应和落实《方案》提出的工作要求，江北区总工会、江北工业区管委会提出，以江北工业区内企业职工为试点，打造新时期产业工人队伍建设示范基地——“智工之家”，充分调动一线工人、制造业工人、农民工的积极性和创造性，推动建设一支宏大的知识型、技术型、创新型的江北劳动者大军。

二、企业产业工人技能养成制度设计

（一）企业视角的制度安排

企业既是职工的工作场所，也是技能养成的实践平台。对制造业企业而言，选聘培育技能型员工是企业经营发展不可或缺的基本要件，所以从选聘职工到技能提升，企业都要有相应的制度安排。结合江北工业园区的实际情况，选取工业区及周边地区三家较为典型的企业作为案例，通过剖析这些企业的制度安排，了解企业在产业工人队伍技能养成方面的有关情况。

1. A 企业：以入职培训为主的技能养成模式

（1）A 企业的基本情况

A 企业始创于 1997 年，2007 年在深圳中小板挂牌上市，是中国齿轮行业首家在 A 股上市的公司。经过 20 余年的发展，逐步确立了以传动设备、供应链综合服务、门控系统、工程技术服务四大产业为主体，多元并进、专业化发展的经营格局。2017 年成为江北区工业 30 强企业。A 企业专注于齿轮箱、电机及传动装置的研发、生产和服务的国家级高新技术企业，拥有世界上精度最高，规格最全的齿轮加工，箱体加工，热处理，检测理化和实验设备；拥有一大批世界 500 强合作伙伴；产品销售网络遍布全球；在冶金行业，连续九年市场占有率第一。A 企业现有员工 1148 人，其中一线工人 700 多人，职工平均年龄 34 岁左右，平均工龄 5—6 年，工龄十多年的有职工 100 多人，职工流动率在 4% 左右。

（2）A 企业职工技能培养情况

在招聘环节，要求应聘者应具有毕业证书、入岗证书、技能证书等，并通过现场操作的方式进行面试。录用以后，立即对新进员工开展入岗培训，主要内容包括新员工培训和岗前培训。新员工培训侧重于企业宣讲，介绍企业发展历史、企业文化等；岗前培训则主要是业务指导，以帮助新进员工在试用期内达到岗位要求。岗前培训主要采取师徒帮带方式，培训周期为 3—6 个月。入职以后，企业与一些培训基地开展合作，以“内训 + 外训”方式提升员工素质，内部培训主要是以开发教师讲授、开展分享会方式进行；外部培训则是不定期请外部教师开展培训。

在制度激励方面，A 公司做了一些制度设计，采取了一些措施，鼓励职工持续提升自己的技能。一是工资以计件方式计算，技能越熟练，完成的合格品就越多，工资就越高，而且还有工龄补贴（15 元/年）。二是师徒帮带中，师傅会有300—500 元补贴费用，带出的徒弟数量也是提拔干部时优先考虑的重要因素之一。三是借助政府的职业技能培训补贴政策，帮助一些职工申请财政补贴。四是企业自己设立了住房免息贷款制度，工作三年以上的优秀员工，在本地购房时可以申请企业免息贷款。

（3）A 企业职工技能培训的特点

一是企业设置了员工入职的技能水平门槛。从 A 企业的人力资源管理制度来看，“招聘——试用——培训”已经成为员工管理的常态。在招聘环节，已经设置了相应的技术门槛，这就意味着没有技能基础的人是无法被录用的。一旦被录用，会在岗前培训中进一步开展入岗技能培训，主要采用师徒制的方式完成。

二是企业更倾向于以职工技能比赛代替技能培训。在 A 企业里，企业虽然没有对老职工集中开展技能培训，但是在企业内部经常举办各工种的技能比赛，并支持员工参加区里、市里组织的技能比赛，激励职工提升技能。对职工而言，参加比赛并获得等级名次以后，往往会获得直接奖励，“即时获得感”能得到有效满足，因而员工参与技能比赛的积极性也较高。

三是员工的职业发展路径往往是“技而优则仕”。从调研情况来看，A 企业员工的职业发展路径一般遵循如下路径：试用工—正式工—熟练工—优秀技能人才—班组长—组长—主任—更高层级的管理者。按照规定，班组长是企业的储备干部，虽然没有额外待遇，但成为班组长以后，接受培训的机会将明显增多，每年可以有 2—3 次的培训机会。

四是企业设定的薪酬待遇并未与职工技能水平挂钩。在 A 企业，未设立额外的技能水平补贴，初级工、中级工、高级工等技能证书对一名职工而言，是没有实质意义的。即使一名职工具有高级技能资质，也不会因为该资质而享有额外待遇。所以在 A 企业，职工的前期技能证书只能算作入职的“敲门砖”，入职后的薪资待遇则全是以计件工资为准。

（4）A 企业职工技能培训存在的主要问题

一是企业管理方对职工技能培训重视不够。有的企业管理者认为，“工人只要会操作机器，能干活就行了，有证无证，技能高低无所谓，不影响完成任务就行了”。同时，企业之所以不愿意对职工进行技能培训，主要是担心一旦把职工培养好了，职工跳槽了，对企业来说，是一种损失。此外，企业方认为，自己企业是优质的“梧桐树”，不愁招不来“金凤凰”。正是有这种对企业发展的自信，企业方认为员工招聘不是问题，甚至觉得其他企业培养的高技能人才，会跳槽到自己企业。基于以上种种认识，导致企业对员工的技能培训不够重视，投入不足，培训渠道也比较单一。

二是针对职工技能提升的有效激励不够。目前，A 企业对职工的激励手段，如工龄补贴、住房免息贷款等，其目的更多是留住人才、稳定骨干队伍。针对技能培训的物质激励主要体现在师徒制培训中，师傅带徒弟会有 300—500 元补贴费用，但费用是一次性的。值得注意的是，在该企业用工制度背景下，师傅和徒弟是同岗竞争关系，教会徒弟很容易影响到师傅。虽然有提拔干部会优先考虑的精神奖励，但现实中，在师傅很多、干部很少的情况下，这一奖励制度的激励效果非常有限。总体来看，该企业存在外部激励不足、内部激励缺失的情况，难以有效提高职工进行技能提升的积极性。

三是企业制度与公共政策有机衔接不够。目前，各级政府对产业工人技能培养高度重视，也出台一系列政策引导且大力开展产业工人技能培训。但实际情况往往是，政府做政府的，企业做企业的，存在公共政策与企业制度有机衔接不够的现象，如技能培训补贴政策，政府对参加培训并通过考核的职工有相应补贴，但企业内部对职工没有任何补贴，无法有效激发职工培训的积极性。

四是特需人才的技能培训需求不能得到有效满足。A 企业虽然对鼓励一般职工考证的积极性不高，但企业对特种技能人才技能的需求很大，也愿意投入人、财、物去开展此项培训，但由于本地没有特种设备技能工培训的机构，导致有些急需的紧缺岗位的培训难以开展，如登高作业证，宁波没有培训，杭州有培训，但一年只有1—2次。

2. B企业：以技能大师工作室为载体的新型师徒制培养模式

（1）B企业的基本情况

B企业创立于1985年，是以液压柱塞泵、马达总成及液压零配件为主营业务的国家级高新技术企业，是国内液压零配件行业的倡导者和领导者，“SKS”已成为国内外知名品牌，市场占有率居液压市场前列。B企业坚持液压零配件和元件共同发展战略，拥有省级“液压泵技术研发中心”，承担了国家火炬计划等重大科技项目，同时与国内多所知名高校紧密合作，共同研发新型液压技术产品。B企业总资产三亿多元，占地66000㎡，建有国际标准厂房42000㎡；企业产品打破外国垄断，在国内处于先进地位；已在国内外设立50多家经销商，经销网络覆盖全国并延伸全球；2017年度入围江北区工业30强企业。公司实施研发与工艺优秀战略，引进专业液压人才，高、中级科研技术人员占员工队伍的20%，打造了一支由重量级拔尖专家领军且强有力、高素质的技术研发队伍。该企业推崇精品工匠理念：技术越好，企业越好，将效益与员工技能直接挂钩。目前，有员工约700人，80%为蓝领工人，员工流失率2%—3%。

（2）B企业员工技能养成情况

B企业招聘员工的门槛比较高，一般要求应聘员工具有职高、中专、高中毕业学历，而且需要具有“加工中心”相关技能。B企业对职工技能培训较为重视，目前已经形成了较为完善系统的职工技能培训体系。

一是成立技能大师工作室，搭建职工技能提升平台。企业人力资源管理部门组织支持优秀技能人才申报成立技能大师工作室，主要承担技术攻关、技艺传承、研究开发、技能交流等职责。为调动技能人才和广大职工的积极性，企业制定了《技能大师工作室成员守则》《技能大师工作室管理制度》

《技能大师工作室工作计划》《技能大师工作室考核办法》等一系列规章制度，并确保这些制度在实践中认真执行、落地生根。

二是建立新型师徒制，营造技能培养的良好氛围。针对“90后”工人学习技能积极性不高的问题，为引导新员工立足岗位成长成才，着力提升一线技能操作岗位职工技术水平，企业参照驾驶员执照考试方式，创新师徒制的运作机制，成立了“以师带徒”考评小组，研究制订了《“以师带徒”协议书》《“以师带徒”实施方案》，坚持“干什么学什么，缺什么补什么”的原则，同时要求师傅进行专业技能传授、职业道德、生产安全、劳动纪律等培训。师徒结对以后，将师傅的利益与徒弟的利益捆绑在一起，分三个阶段测试师傅带徒弟的成效。新员工参加考核的内容分为科目一、科目二，科目三，由安全生产等六项理论和加工工艺编排等四项实际实操组成。通俗地说，科目一，主要是考核基础理论知识，如安全知识、工量具的使用等，考过科目一，每月增加工资200元。科目二，主要是考核设备基本操作、刀具的更换、模拟编程能力等，完成科目二，每月增加工资300元。科目三，主要是考核是否能独立编程完成本岗位产品调试等，考试通过后，每月工资增加300元。这就意味着，新员工拜师后，在师傅的带领下，依次完成科目一、二、三的考核后，按月可调薪200—800元；徒弟完成指定科目考核后，师傅也可获200—1000元奖金。三阶段考试都是企业内部考核，考题也是结合企业产品设计题目。

三是企业行政与企业工会联合举办技能比赛，为技能优秀员工脱颖而出创造机会。企业的人力资源部门与企业工会一起，结合企业的经营现状和年度中心任务，商定员工技能比赛方案。比赛在同工种、同岗位之间分别进行，考试着重增强综合业务能力，以补充实践操作中遇到的困难和不足。

四是利用新媒体，建立技能交流群。企业鼓励职工利用QQ、微信等新媒体，创建员工技能内部交流群，既为大家切磋技艺、提升技能提供方便，又为大家提供了日常交流渠道，增强员工的凝聚力。群里的每位员工还可以以群为基础，根据自身需要，进行小范围交流。从实际效果看，同车间、同工种进行日常沟通交流，能够增强技能互补，促进员工技能水平的共同提升。

（3）B 企业职工技能培训特点

一是企业高度重视。B 企业的总经理就是技术工人出身，具有深厚的技术背景和精湛的技能水平，对技术的重要性有着深刻体会和客观认识，因此，他对职工习得一技之长、提升技能非常重视。在其影响下，从企业领导班子成员到中层管理者，一直到基层班组长，都高度重视员工技能培训，并且能够在工作实践中很好地贯彻执行有关规章制度。

二是借助政策建立员工技能培训平台。“君子生非异也，善假于物也。”因为对员工技能培训的重视，B 企业主动对接政府的政策支持，借助政府的资源投入，企业自身再投入一部分，申报成立企业技能大师工作室。技能大师工作室成立以后，企业以此为载体和平台，形成一支以技能大师为首的技能人才骨干队伍，引导高技能人才围绕企业需要开展职工技能培训，促进技术攻关、研发和提升交流。

三是大力拓展员工职业技能养成路径。根据师徒结对实施方案，每轮协议有效时间为一年，企业鼓励员工自愿报名参加考核。企业每月召开一次帮扶交流会，每月公示考核结果，徒弟每通过一个科目后，师徒都能获得相应奖励。同时，在师带徒期间，徒弟发现或解决生产加工中的问题，成绩突出者，给予单独奖励；即使协议期内徒弟未通过任意一门考核，也给予师傅 200 元劳务补助。针对老员工，则开展技能比赛，以赛促交流，以赛促提升。

四是利用“互联网 +”，搭建员工技能交流平台。随着互联网技术的发展，互联网与人们的工作生活紧密相连，对人的影响越来越大，成为人们生活学习的虚拟世界。B 企业充分认识到互联网在职工生活中的重要性，建立微信交流群，为职工同车间、同工种、不同车间、不同工种之间的交流提供便利，同时进一步增强职工凝聚力。

五是建立了较为健全的技能提升激励机制。通过多年的实践探索，B 公司已经构建了激励机制体系，以调动员工学习技能积极性，主要包括：考核加薪机制，是否加薪主要与技能水平挂钩；技能学习机会均等机制，为每一位员工都提供技能培训提升机会；荣耀性认同机制，对技能优异员工的激励，不仅体现在物质利益上，而且体现在荣誉评选、典型选树、宣传推广等诸多方面。

（4）B 企业职工技能培训存在的问题

一是企业员工通过获得公共资格证书证明自己技能水平的意识有待增强。一般而言，由政府部门按照一定的程序所颁发的技能资格证书，既是员工技能水平的有效证明，也是其享受相关政策性待遇的基本依据。在实际中，非公企业更看重员工的实际操作能力，既不太在乎公共类的资格证书，又担心员工获得证书以后，发生技能人才流失情况。在此背景下，企业内部的技能认同机制常常不能与社会上的公共认定机制有机衔接，万一员工有职业流动情况发生，往往会处于被动地位。

二是职工技能培训的方式还比较单一。B 企业的三级科目考试内容都是结合企业实际来设计，题目不是很难，考过还有奖励，即便如此还有职工无法通过考试。就 B 企业而言，对职工培训的形式还是以传统的线下培训方式为主，一部分年轻员工不太喜欢这种学习方式。在现代网络信息技术高速发展的背景下，企业应积极开展“互联网 + 职工技能培训”，线上教育与线下教育相结合，将 E – Learning、MOOC 微课堂等引入职工培训中，以增强培训的针对性和实效性。

3. C 企业：企业效益与职工技能水平联动的职业技能培养机制

（1）C 企业基本情况

C 企业创建于 1998 年，产品涵盖以自动消防喷头框架为龙头，铜夹子、水表壳、园林喷灌三大系列为主的 OEM 项目，不锈钢波纹管项目；扎啤桶项目，双向数控车床项目等若干个项目群，现已发展成行业内世界第二、亚洲第一的公司，在宁波江北和台州路桥椒江各有一个工厂。2004 年，C 企业开始进入扎啤设备行业，一直致力于扎啤容器以及扎啤分配配器的研发、产销，并且成功开发出了技术难度较高的专门用于盛装原浆啤酒的九加仑不锈钢啤酒桶，迄今为止是国内唯一一家成功开发此产品的厂家。2008 年，C 企业引入 TPS——丰田管理模式，改革生产现场的体制和体质。该企业占地 27 亩，产品销往全球，以欧美市场为主，与世界五大酒厂、排名前 10% 的酒厂都有合作。2017 年度年产值 2.6 亿，市场份额全球第四，国内第一。C 企业生产自动化程度比较高，现有员工 280 人；职工年龄在 25—35 岁，平均年龄 30 岁左右；职工流动率较低，仅为 0.2%—0.4%。

（2）C 企业员工技能养成情况

一是高起点招聘员工。该企业很少从应届毕业生中招聘，主要从劳动力市场上招聘有从业经历的熟练工人。招聘时对于焊接、拉伸等核心岗位，技能要求更高一些；模具工、普通工则要求相对宽松一些。招聘时，先不确定岗位，员工进厂以后，可以到企业先熟悉各种工作岗位，然后允许员工可以自主择岗。员工岗位确定以后，企业再根据员工自身的资质、意愿、选择等，对员工进行培养。

二是高质量的入岗培训。新进员工的入岗培训主要是通过跟师傅学习完成的，试用期满后，通过考核才能转正。普通工，培训半个月就能直接参加生产，而成为优秀员工，则一般需要两年左右时间。焊工类岗位，需要培训一个月才能上手干活，而成为优秀工则需要四年左右时间。一般来说，培养一个焊工的成本在五万元左右。

三是师徒共享技能提升的收益。该企业以计件工资为主，员工平均工资水平高于当地同行业平均水平 20% 左右。在师带徒过程中，培训周期一般为三个月，一个月后徒弟如果考核优秀，企业奖励师傅 200 元，如考核合格，则奖励师傅 150 元；两个月后，企业按照徒弟计件工资的 3%，直接奖励给师傅。需说明的是，奖励的费用不是从徒弟的工资中扣除，而是企业另外支付的。带徒弟越多、培养质量越高的师傅，不仅可以获得物质收益，还有机会升为储备干部——班组长，从而为迈入更高层级的管理层奠定基础。

四是企业自主制定技能评价体系。C企业根据生产实际，对技术工人进行技能分级，并采用不同颜色的胸牌予以标识。黄卡：0个技能；蓝卡：1—2个技能；绿卡：3—5个技能；金卡：5个以上技能；彩卡：管理人员。掌握五个技能以上的员工可以被企业确定为优秀人才，并获得晋升为储备干部的机会。一旦成为储备干部，就可以获得相应的职位工资。

五是引导员工勇于进行自我挑战。一般而言，技能水平越高的员工，成品的报废率也越低。在此基础上，C企业设计了员工自我挑战制度，即通过让员工自己申请报废率来进行自我挑战和技能超越。首先，由员工根据自己的实际情况确定自我挑战目标，自我设定一个具有一定难度的报废率，然后向人力资源部门提出申请。待人力资源部门论证并认可员工的目标具有挑战性以后，员工就可以开始挑战，挑战成功后可以直接获得奖金1000元。这一模式可以概括为：员工设定挑战目标—挑战项目成立—工人进行自我挑战—挑战目标完成—公司直接奖励。

六是引入军事化管理理念。每年8—9月，企业会组织轮岗军训，以每个班组为单位进行为期一周的军训。军训时，企业发挥退伍军人优势，利用工厂办公区、生产车间、公共区域等现有场地资源开展军训工作。管理层和一线员工都参加军训，通过军事化管理，将军队中的一些文化理念融入企业管理中，进一步增强团队凝聚力和向心力。

（3）C企业职工技能培训的特点

一是赋予职工较大的个人选择空间。C企业培训理念先进，执行效果扎实，倡导员工“选我所爱，爱我所做，不断精进，练就绝活，成为专家”的技能养成理念，将产业工人技能培养与企业成长紧密相连，将产业工人技能培训管理上升到企业文化层面，并在招聘就业时的自主选岗、工作两年后的自主择岗等制度上予以体现。

二是形成了较为完善的企业职工技能自主培养体系。C企业在职工技能自我培养方面进行了一系列的制度设计。对新进员工，以师带徒方式进行培养；对老员工，激发职工自我实现需要，开展自我挑战，培养技能。企业自主设定企业技能工人分级管理制度，并通过运用色卡进行管理，激励员工提升技能积极性，对于优秀技能人才，可以“技而优则仕”。企业制定初级、中级、高级技能评价体系，员工取得高级资检后，则具备当师傅带徒弟的资格，培养徒弟越多、越好，则就越有机会可升为班组长。

三是多元激励有效调动了职工提升技能的积极性。在薪酬激励方面，C企业职工工资高于市场薪资20%左右，高工资保障了企业职工队伍的稳定性。在物质激励方面，企业制定了师带徒奖励制度、员工自我挑战制度、员工技能评价制度等，激励职工不断提升技能。在职业发展激励方面，企业对技能工人实行分级管理，为员工设定清晰的职业发展路线图，让职工对自己的发展保持激情。在文化激励方面，企业制定先进的企业文化理念，施行军事化管理，将员工职业技能培养融入企业文化，实现文化育人功能。

四是利益联动使得员工对企业的归属感增强。C企业职工在与我们座谈交流时谈道，“技术越熟练，出错率越低，工资越高，而且自我挑战还有高额奖金，尤其是我们做得好了，企业效益好了，企业拿出的奖金越多，我们拿到的奖金也就越多，所以，我们学习技能的积极性很高”。在调研过程中，不同岗位的员工都表述了同一个观点：老板人很好，很乐意成就员工。总体来看，该企业发展势头迅猛，员工凝聚力强，向心力强，归属感强，形成了企业与员工共同成长、共同发展的良好局面。

（4）C企业职工技能培训存在的问题

一是员工技能培训的方式方法还有待于拓展。目前，C企业对员工的技能培养虽然采取了师带徒、自我挑战、团队竞赛等方式，实质还都是以传统的线下培养方式为主。在信息化时代，应认真研究“80后”“90后”员工善于使用新媒体的特征，将现代信息化教学手段应用到职工技能培养中，开展线上职工技能培养模式，实现线上、线下结合，全时、全域、全场合技能学习。

二是企业自主评价与社会公共评价难以有效衔接。在这一点上，C企业与B企业有相似之处。目前，虽然C企业建设了一整套职工技能培养、管理、评价体系，但还没有与社会的公共评价机制进行衔接。基于C企业已经成为行业翘楚的地位，其可以在行业标准上有所贡献，将企业在职工技能培养、管理、评价等方面好的做法，形成行业标准，从而在江北区、宁波市、浙江省乃至全国发挥引领作用。同时，还应加强与政府的对接、合作、交流，主动对接政府有关职工技能培养政策、制度、平台等，借助公共资源，更好地为员工技能提升服务。

（二）职工视角的现实选择

员工与企业建立劳动关系以后，在市场经济条件下，成为劳动力市场上的理性人，一方面要接受企业方的管理，另一方面也会基于自身的利益考量而作出相应抉择。对非公企业的职工而言，其对技能培训的态度，更多的是其本人利益最大化考虑以后的现实选择。通过技能培训，如果能够快速地转换为工作中技术能力的提升和工资的增长，那么职工会拥护技能培训；反之，则不然。

1. 常规型技能养成

员工案例1：

WHW，1990年出生，江西景德镇人，机电专业中专毕业。现在年收入8万元左右。

我是通过网上投简历应聘到A企业工作的，现为滚齿工。到A企业前，我在宁波类似企业学习过滚齿工技能。2012年，我跳槽到A企业，原因主要是公司大，稳定，设备先进，我以前在小单位工作，现在到大单位，制度不一样。我刚到A企业时，接受为期一个月的培训，然后开始倒班制计件工作。正式工作后，企业没有培训，全靠自己摸索成熟练工。我没有岗位技能证书，但有技术。我现在在数字化车间，自动化设备注重数控技能提升，自己的技能也得到很大提升。

员工案例 2：

LB，1994 年出生，山东潍坊人，技校毕业。

2014 年，我来到宁波做数控车床工。之前，我在山东潍坊做过两年，老家那边使用的是国产车床，收入待遇不好。因为我爸在宁波，所以我也来了宁波，是经我爸介绍才来到 A 企业工作的。刚进入企业时，先由师傅带着，培训一个月后，才正式上岗，培训时，师傅先介绍，再带着做，然后我自己摸索着做，到现在能够熟练做。2018 年，我成为班组长，算是基层管理者，储备干部身份。目前，我的技能水平在企业里已经到顶了，暂时不需要再参加培训。现在企业发展快，工作很忙，也没时间去培训。但是，如果有专业对口、近距离的高端培训，我也愿意参加。

员工案例 3：

DWC，1976 年出生，陕西汉中人，中专毕业。

1997 年我技校毕业后在陕西工作，2000 年到深圳，2001 年来到宁波，2005 年成为基层管理者。刚到企业时，跟师傅学习了一年。我这个人，做任何事讲究完美、专心。因为这个特点，我不断摸索，提高技能，也一步步由做普车起步，再到加工中心，然后到分厂管理，现在负责车间管理，年收入 10 万元以上。目前我们企业产品是多品种，小批量，难以实现流水线，完全做到机器换人不现实，还是需要技术工人。今后，我希望通过“操作工 + 学徒”方式，为公司发展壮大服务，也希望能与大专院校开展订单培养，解决用工难问题。

从以上三位员工的职业经历和发展现状来看，呈现如下特点。

一是通过高技能的养成从而获得较好的职业发展。三人是中专或技校毕业，都接受过正规的职业教育培养，拥有相应的专业技能，从而获得寻求高收入、稳定职业的就业“敲门砖”。他们的职业技能养成路径可以概括为：接受职业教育的培训“敲门砖”+师徒帮带领“入岗”+自我探索成“能手”。这类员工在进入现在企业之前，还有着小企业工作经历或国企工作经历。之所以跳槽，其动机是寻求更高收入和更大发展。从职业发展现状来看，他们的愿望已经得以实现，而支撑其职业发展的则是他们已经养成的高技能水平。

二是职业技能养成需要内因外因的共同刺激。三人的职业技能养成逻辑说明，一技之长的习得是内因和外因共同作用的结果，且内因是关键所在。三人进入现在工作的企业之前，都有技能学习和实际操作经历，已经习得的技能让他们获得了向更高层次流动的资格。进入新企业以后，在企业师傅的传帮带下，成为具有更高技能水平的技术工人。而能帮助他们获得发展机会的，最后还是在于个人努力，经过持之以恒的学习和付出，他们最终脱颖而出，成长为岗位能手。

三是技能型员工的职业发展路径是“技而优则仕”。这些技能水平高的员工现在是企业班组长，已经成为企业基础管理者，有的已经获得储备干部身份。可以预期，这些员工保持正常的发展态势，将会走向更高层级的管理岗位，也有机会成为企业的正式管理干部。由此可见，技能型员工的职业发展遵循“技而优则仕”的逻辑，这也是当下很多技能型员工的出路所在。

四是获得技能资质和研修培训机会的意愿不够强烈。案例中的WHW和LB，均没有所从事岗位的相关岗位证书。通过交流了解到，两人目前也没有考证意识。他们认为，“有没有证书无所谓，有技术就可以，单位也没有要求一定要有证书”。由于这些员工的技能水平已经足以满足其现在的工作需要，他们的培训需求也不明显，再加上培训往往需要投入时间、精力等，让已经很忙的他们无暇参与培训。

2. 自我主导型技能养成

员工案例4：

LCL，1987年出生，陕西安康人，高中毕业。

高中毕业以后，我在河南南阳读了大专，学的是应用化工专业。1994年，我到广东布料染厂做加工工作，又去河南从事冶炼工作五年，还在新疆做过装修工作。2015年，我来到宁波工作，在太阳能厂做组装工作，当机修工。2016年，经父亲（我父亲2012年开始在A企业做仓库管理）介绍，进入A企业，现在是一名自动加工岗位数控员工。刚到A企业时，在加工中心做操作工。我是在A企业学习的技能，主要是通过师傅教、自己看书、网上查资料完成的。我的学习能力还是很强的，自己也考过证。现在，我希望能学到行业最新技能，如五轴加工技术，目前我们企业主要是四轴加工。我还想学习一些电脑编程技术，比如学习UG、3DMAX等编程知识。我目前生活是八小时工作，租房居住，现在遇到的最大困难是小孩上学难，希望能得到解决。今后打算在宁波工作定居，不回老家了，现在每月收入在6000—7000元，还没想过太长远的职业规划。

员工案例5：

HXN，1984年出生，陕西渭南人，机械制造专业大专毕业。

2005年大专毕业时，宁波动力机械厂去我们学校招聘，我就到宁波工作了，先是跟师傅学，再自己做。工作一年多后，我又到中日合资企业做品质检验，质量意识提高很多。我做过高压水泵、真空泵等行业工作，平时我对图纸工艺关注较多，工作两三年后，我又到民营企业做项目工程师，做水泵。那家企业机加工能力差，质量意识不够，而我的质量意识比较高，觉得不适合自己。再后来，到B企业做液压泵，做机械加工与我的意向相吻合，我先在装配车间做一年半到两年，对产品整体认识提高了，也形成了自己的优势。目前，我在做生产线技术改造、工艺优化、工艺文件编制工作，属于研发与生产之间的连接桥，连接研发人员与生产工人，充当裁判员角色。我觉得提高工人技能：第一，要制止上班玩手机。第二，公司要形成强大制造业。第三，要形成学习氛围、培训氛围，加强技改工作培训。第四，企业间应该进行技术共享交流。第五，企业研发，尤其是基础研发，要靠政府、高校，光靠企业不够。目前我在申请公租房，决定定居宁波了，但小孩幼儿园问题需要解决。希望有机会增强同行业间的技改交流。

这类员工的技能养成呈现以下特点：

一是将拥有高技能作为实现自我提升的凭借。LCL 和 HXN 均是大专学历，接受过高等职业教育的系统训练，具有良好的职业素养。入职现在企业工作之前，也有着在其他企业的丰富工作经历，为寻找待遇更高或者更适合自己发展的企业，经亲人介绍或自己投简历获得新的工作岗位。他们相信，拥有高技能就能寻找好单位，拥有高技能就能实现自我提升。

二是自主学习提升技能的意识很强。LCL 和 HXN 进入现单位后，经过师傅传帮带，快速熟悉岗位工作。两人均具有较强的职业技能学习意愿和学习能力，在工作中，他们积极探索、善于钻研，很快成为企业的岗位能手，并且能够根据自己的工作经验积累，持续提升技能水平。值得关注的是，这类员工能够熟练使用互联网，可以从网上查资料习得技能，有着较强的自主学习能力。

三是对自身的培训需求有着较为明晰的定位。从座谈交流情况来看，LCL 和 HXN 对怎样更好地完成当前工作有着较多思考。他们还希望能有机会学到行业的最新技能，LCL 希望学到比企业水平更高级的五轴加工技术，以及 UG、3DMAX 等电脑编程知识，而 HXN 不仅坚持个人学习，而且在琢磨泵行业工人技能提升的有效做法。显然，他们的后续培训需求比较明确，提升技能的意愿也比较强烈。

四是现实困难制约了他们的长远预期。从他们的自述中可以看出，LCL 和 HXN 现在都处于租房居住状态，他们也希望能够长期在宁波工作，并计划今后定居宁波。而现实中，他们现在遇到的最大困难是小孩上学问题，再加上购房难等，这些现实困难将影响到他们职业规划的实现。

3. **勤学苦练型技能养成**

员工案例6：

WXD，1986年出生，安徽阜阳人，初中毕业，现为企业焊接组组长。

初中毕业后，我先到广州打零工，后来才到C企业工作。我先做普通工，两年后，因为企业有灵活的转岗机制，我就转岗到焊工岗。刚进厂时，有师傅带我，学习一个月，就能完成计件工作，当然那时也会有报废，当时的报废率在2%—3%，现在我的报废率在0.4%—0.5%。我的技术水平在焊工岗位中属于中等水平，现在我以做管理岗位为主。因为我的技术比较好，被员工推选成班组长，又经公司培养，现在成为组长。我熟悉很多工艺流程，我一个人能搞定一条生产线。我认为，年轻人喜欢自己的工作岗位，有耐心、做事沉稳，就能学好手艺。当然，企业也很重要，企业要创造条件，有些厂就不允许员工换岗，员工想换岗，就换不了。但我们企业允许调岗，调岗也会配师傅，还允许择岗，待遇也好，能让我们有机会自我实现。目前我已经在宁波买房，每月工资两万多。今后，要和企业共成长。

员工案例7：

XP，1992年出生，安徽萧县人，2007年初中毕业。

我15岁时，在家学了两年焊接。2010年出来工作，在C企业的台州总部工作，2011年跟着项目来到宁波。刚工作时，跟着模具师傅，师傅做，我看；跟着学习，先看一天，再问看出什么，再讲解；第二天才能跟着师傅，由师傅带着做；之后，再自己动手做，遇到问题再问师傅。亲手操作才有用，才能懂；学会后，靠自己积累，总结，反思，提升。2015年我考过国际焊工证，是我们企业组织的，请哈尔滨的老师过来培训我们。企业鼓励员工考级考证，考过直接奖励。去年年会，公司设置奖励情况为：两辆宝马，两辆福特，30 多万现金。年会抽奖时，去年我抽中福特车。去年企业产值三个多亿，老板拿出50 万奖金，平均分到我们员工手上，员工干劲很足，希望今年6 个亿的目标能实现，可以拿到更多奖金。

员工案例 8：

GH，1988 年出生，安徽人，初中毕业。

我刚开始在台州打工，干了五年，2016 年总部搬过来后，我跟着来到宁波。刚进厂时，做学徒，组装工，我觉得没前途。来到这个单位后，做学徒，学摇焊，开始人少，订单少，后来人多，订单多。慢慢地，练得多了，我也成了师傅。入厂可以选岗，两年后可以再择岗，我们老板认为“选我所爱”，才能越做越好，成为专家。现脱产做管理工作，管理 21 人。为培养管理技能，老板送我们到外面进行管理能力培训。现在每年有机会出去学习，也有内训机会。技能优秀，一人掌握多种技能，才能有机会。老板说，公司打造平台，希望每个人都有自己的项目，公司愿意做大地，让员工成长为大树，很鼓励我们有想法就去做。

上述可见，这类员工的技能养成经历呈现如下特点：

一是学历教育在其职业技能养成过程中的贡献有限。WXD、XP、GH 三位员工均是初中毕业，没有接受过正规的职业教育和职业训练，WXD 还有过打零工经历。三人的学历层次虽然偏低，但经过个人多年的学习拼搏，从而掌握了一技之长。在调研中发现这类员工比较常见，由于多种原因，很早就放弃学业外出打工。在务工过程中，他们经过多种尝试，最终选择某一领域坚持下去，靠个人努力习得了职业技能。

二是师傅传授是他们入门的主要途径。无论是首次自主选岗，还是后续自主择岗，三人的技能学习都是在师傅的帮助下达到上岗工作要求。他们没有较为完整的系统的职业教育经历，无法通过在校学习获得职业技能，而职业技能，尤其是一些技术含量高的岗位，不是单凭员工的悟性就能够领会掌握的，这种情况下，师傅就起到很关键的教育引导作用。在师傅的传授下，他们不仅可以学会基本的职业技能，而且可以从与师傅的近距离相处中习得职业规范和职业道德等内容。当然，在师傅的传授基础上，还要经过个人的总结、反思、操作，才能不断提高职业技能。

三是“技而优则仕”成为技能型职工职业发展的普遍现象。WXD、XP、GH 的职业发展路径都是这样的：学徒工—熟练工—师傅—管理者。入厂以后，通过自主选岗，成为学徒工；在师傅带领下，经过个人摸索成为熟练工；再通过个人努力不断提升，成长为师傅；然后开始带徒弟，带徒弟多了，优秀者就有机会成长为企业的基层管理者。从受访员工的经历来看，在企业生产一线，技能水平是衡量员工实力的第一要素，无论学历怎样、资历怎样，只要技能过硬，就会获得发展机会。

四是良好的企业文化和有效的激励措施有助于提高工人技能学习积极性。上述三位初中生成长为企业基础管理者的案例表明，企业在职工技能培养中作用巨大，良好的企业文化有助于营造良好职工技能培训氛围，激发职工技能培训内在积极性。自主选岗、自主择岗的制度赋予了员工更多机会；鼓励员工考取国际焊工证，有利于培养国际化技能人才；通过班内竞赛，班班竞赛，6S 考试，现场“PK”等，促进个人、团队技能提升；企业制定高额考证奖励、竞赛奖励、年会奖励，将企业利润提取一定比例用于奖励职工。通过这些举措，企业实现了文化留人、制度留人、情感留人、待遇留人，员工也有了满满的获得感。

4. 自学成才型技能养成

员工案例 9：

YJB，1985 年出生，浙江宁海人，技校毕业。

毕业后两年内，我去过外资、台资、小作坊工作过。外资企业，待遇机制完善，但也会打压新人，管理层分帮拉派，福利待遇不一样。私人企业，直接签合同，没有第三方，工资都一样，相对公平公正。以前在外企做加工，金融危机时，外企直接裁员，我觉得非常不合理。2010年，我遇到了我们现在的工会主席，被领进现在的企业。来到B企业，我继续做品质管理。刚进厂时，也没有师傅带，都是自己学习、自己摸索。品质管理是体系管理、人的管理，对产品要熟悉，这些都要靠平时积累。我现在带10多个徒弟，带出的徒弟也有流出的。品质工程师工资在6000元/月上下，不算高；外资企业工资很高，15万/年左右。品质管理以前要考证，现在取消了，没有证书，以后更注重实操能力。我的品质理念比较尖端，我敢说，在这个行业宁波还没有人能超出我，暂时没有再培训提升的必要。目前，我的工作是努力为企业品质转型打基础。在带徒弟上，我喜欢带主动一些的徒弟，希望培养出更多的品质管理队伍人才，也希望管理者对品质重视，多吸引优秀人员进来，加大团队建设资金投入。不管以后在不在B企业工作，我都会坚持做下去，做一辈子质量管理。

其他企业里也存在类似的高技能水平员工。这个案例体现出该类型的如下特点：

一是高技能水平员工在劳动力市场上处于优势地位。YJB技校毕业，接受过初等职业教育，具有一定的职业素养，在进入B企业之前，在外资、台资、小作坊均工作过，有着较为丰富的工作经历。当习得一定的技能水平以后，对他而言，工作机会不再是难事，而且开始掌握选择单位的主动权。在其职业流动过程中，他不仅关注薪酬待遇，而且对于企业的选择有着自己的思考，公平成为其追求的内容。与上述职工相似，YJB职业发展路径同样遵循“技而优则仕”，成为企业的基层管理者。

二是职业技能养成路径以自主学习摸索为主。品质管理成为专业的时间不长，YJB的品质管理技能不是在学校学的，也不是跟师傅学的，而是靠自己坚持学习，在工作中通过积累经验，不断探索，从而形成了自己对品质管理的一套做法，并树立了较为先进的品质管理理念。值得注意的是，该员工读技校时，还不知道什么是品质管理，毕业后没多久，就开始从事品质管理工作，后来虽然就业单位发生多次变更，但他本人从事的岗位一直是品质管理。正是有这样的职业坚守，经过多年的积累沉淀，最终磨炼出自己的一技之长。同时，他还有着明确的职业规划，愿意做一辈子的质量管理，带出更多徒弟，培养出更多的品质管理队伍。

三是对职业认同感高于对企业归属感。从案例中可以看出，YJB 经过自我学习，成长为具有先进品质管理理念和实际工作经验的专家，对品质管理工作有着高度的认同。同时，他认为企业在品质管理工作中也存在一些问题，如新进职工技能学习主动性不强，管理者对品质重视度不够，团队建设资金不足等情况。从与他交流情况来看，他还没有做好长期在现在企业工作下去的准备，但不管在哪家企业工作他都会坚定不移地从事品质管理工作。

（三）政府视角的政策导向

党的十八大以来，宁波市委、市政府高度重视加强产业工人队伍建设，立足制造之都的产业发展实际，围绕智能制造示范城市建设，制定了一系列政策措施推进技能队伍建设。

1. 宁波市政府推进技能人才队伍建设的举措

2015 年，宁波市劳动力总量为 636.5 万，技能劳动者数量仅占就业人员的 18.4%，高技能人才占技能人才比重仅有 25.2%，远低于上海、苏州等城市。在此背景下，《宁波市“十三五”人才发展规划》明确指出，到 2020 年，人才总量达到 260 万人，其中高技能人才达到 50 万人，高技能人才占技能劳动者的比例达到 30%。“十三五”期间宁波人才发展主要指标具体见表 6.1。

表 6.1　“十三五”期间宁波市高技能人才发展主要指标

指标	2015 年	2020 年	年均增长率（%）
人才总量（万人）	187	260	6.8
高技能人才（万人）	29.5	50	11.1
高技能人才占技能劳动者比例（%）	25.2	30	—

数据来源：宁波市人民政府关于印发宁波市人才发展“十三五”规划的通知。

为建设高素质的产业工人队伍，宁波市委、市政府出台了一系列政策促进技能人才队伍建设：一是出台政策规范职业技能培训。制定并出台了全国首个关于职业技能培训的地方性法规《宁波市职业技能培训条例》，对企业职业教育经费来源、企业主体责任认定、技能培训组织管理、民办职业技能培训机构经营等进行规范。二是打造技能培训载体，发挥高技能人才作用。制定并出台《宁波市人才发展十三五规划》，到 2020 年，将建成 100 家技能大师工作室、11 个高技能人才公共实训（示范）基地，引进高技能领军人才、技能培训大师、技工院校名师 200 名，高技能人才总量达到 50 万人。三是进行职业培训补贴。出台《宁波市职业技能培训补贴实施细则》，对个人、企业和公共实训中心进行职业技能培训补贴，以鼓励产业工人积极参加职业技能培训，激励企业和公共实训中心积极开展技能培训。四是定期发布《宁波市人才发展报告》，对宁波市技能人才发展状况进行动态评估。五是积极开展产业工人技能培训。重点围绕职业资格培训、专业技术人员继续教育、高层次紧缺人才培养等，以企业大学、师徒制、内部培训、与高校、职业院校合作培训等方式开展技能人才培训。六是积极推进技能人才自主评价。出台《关于开展技能人才自主评价工作的实施意见》《宁波市技能人才自主评价工作指导手册（试行）》《关于评选技能人才自主评价优秀示范企业的通知》等，积极开展企业技能人才自主评价，以评促建，不断推进产业工人队伍建设。2017 年新增企业技能人才评价示范基地 115 家。七是大力开展技能等级鉴定。出台《关于进一步加强我市职业技能鉴定管理的通知》等，提出全市职业技能鉴定“七统一”工作要求，即“统一鉴定范围”“统一职责划分”“统一时间安排”“统一人员派遣”“统一申报平台”“统一鉴定方式”“统一鉴定缴费”。进一步提升职业技能鉴定质量，强化鉴定的监管和服务，确保职业资格证书的公信力和权威性。

表 6.2　宁波市技能人才培训及高技能人才培训情况

年度	2012	2013	2014	2015	2016	2017
技能人才培训（万人次）	23.1	21.5	24.3	22.4	25.8	25.9
高技能人才培训人数（人）	17732	24083	31907	—	29212	47145

资料来源：宁波市人力资源和社会保障网。

2. 江北区技能人才队伍培养措施

随着宁波市江北区经济社会发展和产业转型升级，企业对技能型人才的需求日益强烈。2016 年江北区统计年鉴显示，江北区技术工人总数为 166068 人，其中初级工 92262 人，占技术工人总量的 55.6%；中级工 38806 人，占总数的 23.4%；高级工及以上 35000 人，占总数的 21.1%；江北区高技能人才集中在制造业、建筑业、交通运输仓储业等行业。2013 年以来，全区共开展职业技能培训 3.92 万人（次），培育高技能人才总数达 1.12 万人。近年来，江北区政府在技能人才培养方面的主要措施有：一是整合培训资源。坚持“政府主导、市场运作、部门配合、企业参与”的培训机制，以宁波市技师学院、江北区职业技能培训中心、各街道（镇）成校及相关培训机构为依托，建立基层培训基地。根据每个培训机构核定的培训专业及培训等级，充分发挥各培训机构的优势及专业特长，为劳动者就近就地参加技能培训提供便利条件。

二是加大政策扶持力度。在全面落实市级有关职业培训补贴政策的基础上，2018 年江北区制定出台了《关于进一步深化北岸智谷建设的实施意见》，推出江北区高层次技能人才引育扶持政策，如企业组织技能人才参加相关培训并取得高级工、技师、高级技师职业资格证书的，分别给予企业每人 500 元、1000 元和 1500 元的一次性奖励。出台并实施《江北区技能大师工作室管理办法》，对于获得区级技能大师工作室称号的，给予三万元的建设经费补助；区级技能大师工作室开展以师带徒的，给予每人1000元的带徒补贴。这些举措有效激发了技能大师在企业带徒传艺的积极性，拓展了职工技能提升的渠道。

三是明确培训任务，加强培训监督管理。坚持以市场需求为导向，走访联系各街道（镇）、培训机构及企业，了解企业培训需求，每年召开全区职业技能培训工作会议，对全年技能人才培养工作目标进行全面部署，分解落实职业培训任务，明确培训工作要求，开展针对性培训，同时落实培训质量监管和培训机构专项检查，推进全区职业培训机构管理规范化水平不断提升。

四是提升“转型·育才”系列培训品牌，推出“凌云优才”“星耀大师”“彩虹进阶”三大培训计划升级版。深化校企结合、开展优秀青工技能提升培训班和推进公共实训基地建设三大举措，落实“凌云优才”计划，塑造优秀青工。以高质量推进技能大师工作室建设和建立大师交流机制为抓手，实施“星耀大师”计划，发挥高技能人才示范引领作用。

五是“以赛代评”破格选才。从2005年开始，江北区每两年组织一次职业技能大赛活动，通过把技能比赛与职业技能鉴定相结合，实现破格选拔技能人才的目的。近年来，通过技能比武，已有93人先后获得“技术能手”称号，500余人获得了相应的职业资格证书。技能大比武活动期间，还在辖区企业开展岗位大练兵活动，同时积极组织或输送优秀技工参加市级技能大比武活动。

六是扩大企业技能人才自主评价试点范围。通过筛选企业、实地走访、宣传培训等方式，指导企业制订评价方案，引入培训专业师资，对评价实施全过程督导。通过将技能人才的职业资格评审权限交给企业，推动职业技能评价更贴近企业生产实际，从而进一步拓展职工技能提升的渠道。截至目前，江北区已有市级企业技能人才评价试点企业315家、企业技能人才自主评价示范企业16家，其中两家被评为优秀示范企业，已有90名职工通过自主评价获得职业资格证书。

3. 江北区工业区管委会高度重视产业工人技能提升

从江北区工业区管委会近年来的年终工作报告中可以看出，工业区管委会的重点工作主要包括园区经济发展、招商引资、项目建设、智能经济发展、园区环境、基础设施建设、提高机关效能等。近年来，工业园区管委会高度重视人才工作和产业工人技能提升工作，认真贯彻宁波市和江北区的有关政策，将高技能人才培养列入江北工业区管委会工作重点，以服务为先导，充分发挥企业的主体作用，营造优质人才发展环境，聚集和培育一批助推战略性新兴产业发展、企业转型升级的紧缺人才和高技能人才。

“十二五”期间，园区已累计引进各类高层次人才 175 人，实现江北自主培育省级“千人计划”和国家百千万人才工程入选者的零突破；累计引进海外工程师 44 人，其中一位成为江北首个国家友谊奖获得者；获批市级企业技术创新团队六家，建成各级博士后工作站三家。

（四）工会视角的组织参与

工会作为职工自愿结合的群众组织，具有生产、建设、参与、教育等基本职能。《新时期产业工人队伍建设改革方案》的制定和实施，对工会在产业工人队伍建设改革中更好发挥作用提出了明确要求。面对新形势新要求，宁波市各级工会立足扎根职工群众的组织优势，在提高职工队伍整体素质上出实招、办实事、敢创新，不断拓展职工成长成才空间，着力培养造就一大批知识型、技术型、创新型的高素质职工。

1. 宁波市总工会推进产业工人技能提升措施

宁波市总工会认真贯彻落实上级的相关文件精神，积极开展“立功竞赛”“职工培训”“技术创新”等工作，积极提升产业工人技能水平，组织、动员产业工人建功建业。

一是立功竞赛。为充分发挥广大职工在推进《中国制造 2025》试点示范城市建设、宁波都市圈和港口经济圈建设中的主力军作用，宁波市总工会出台了《关于组织动员全市广大职工积极投身“三重一新”劳动竞赛的实施意见》《关于印发“三重一新”劳动竞赛市级示范项目的通知》等，围绕重大工程项目、重要工作任务、重点发展领域（行业）、新经济业态组织，广泛开展“三重一新”劳动竞赛活动。出台《关于开展全市百万职工“建功六争攻坚、助力三年攀高”劳动竞赛的实施意见》等，动员和号召全市广大职工积极投身项目争速、产业争先、科技争投、城乡争优、服务争效、党建争强决策部署的伟大实践，为“名城名都”建设提供有力支撑。为鼓励职工立功竞赛，每年开展宁波市“五一劳动奖状（章）”“工人先锋号”评选活动。

二是以五一培训学校为平台，开展职工培训。宁波市五一培训学校成立于1998年，是宁波市总工会的直属培训学校、全国工会职工教育培训示范点。五一培训学校广泛开展职工学历教育、工会业务培训、职业技能培训和文化素养培训等，不断扩大校外实训基地建设，与宁波工程学院、宁波职业技术学院、宁波卫生职业技术学院、宁波第二技师学院、浙江商业技师学院、宁波经贸学校等20余家知名职业院校和社会培训机构达成共建共享实训基地协议。三年来，五一培训学校已累计完成技能培训9000余人次，获得了良好的社会口碑。

三是做强做实宁波职工发展中心，开展引智引才行动。完善职工素质提升平台，2018—2019年度计划培训职工10万人次，开展3000场次以上的基层职工技能群英赛，100场次以上的市级职工技能精英赛，产生市级技术能手200名左右，首席工人100名左右，为宁波市产业转型升级做好人才储备。

四是大力开展职工技术创新活动。出台《宁波市职工岗位先进操作法命名和管理办法（试行）》《宁波市企业职工合理化建议管理办法制定导则》《关于职工创业创新工程的实施意见》《关于推荐申报宁波市职工技术创新优秀成果的通知》等。积极开展合理化建议征集、“五小”创新、先进操作法推广等技术革新、发明创造活动，助力企业实施项目攻关、技术攻关、产品攻关。

五是评选树立宣传技能大师。继续加大发掘力度，2016年出台《关于开展“寻找身边工匠”活动的通知》《港城工匠发展基金管理办法》，每年开展寻找“港城工匠”活动；出台《关于进一步推进“名师带高徒”活动的意见》，深化“百名技师带高徒”活动，评定“工匠名师”，持续深入地影响和吸引技术工人践行工匠精神；出台《宁波市“首席工人”评选试行办法》，充分调动工人学习钻研技术的积极性，建立优秀技术工人脱颖而出的机制，提高工人队伍的整体素质。

六是搭建劳模工作室。贯彻落实全国工会深化劳模和工匠人才创新工作室创建工作会议精神，出台《关于在全市进一步深化劳模创新工作室创建活动的实施意见》《宁波市劳模创新工作室创建和管理办法（试行）》和《宁波市劳模创新工作室创建评价细则》，每年评定一批劳模创新工作室，逐步形成以劳模创新工作室为引领，辐射港城工匠、首席工人、技能大师等各类优秀职工创新工作室蓬勃发展的良好局面。

2. 江北区总工会推进产业工人技能提升举措

江北区总工会一方面积极贯彻落实市总工会部署要求，另一方面结合江北具体情况，通过以下举措提升产业工人技能：一是全面开展劳动竞赛，引导全区职工积极投身“十三五”建功立业活动；二是在全区中小企业、90%的规模以上企业开展立功竞赛活动；三是新增五家劳模创新工作室，提升企业自主创新、节能增效能力；四是发挥劳模、工匠先进引领示范作用，在转型升级、技术帮扶、服务“三农”等方面积极开展活动；五是对接《中国制造2025》、“互联网+”行动计划，提升职工技术技能和班组建设水平，逐步形成一支梯次合理、素质优良、新老衔接、适应江北区产业转型的技术工人队伍；六是开展“百名技师带高徒”活动，在全区规模以上企业推行技师带徒，促进岗位经验、专技特艺、优秀技法的有效传承。

3. 企业工会积极组织职工提升技能水平

一是搭建职工技能培养平台。企业工会通过成立职工之家、组织申报技能大师工作室、劳模创新工作室等，广泛搭建职工技能培养平台。例如赛克思液压科技股份有限公司工会，积极申报并成立“江北区技能大师工作室”，以技能大师工作室为平台，制定管理办法，开展技术攻关、技术培训、技术交流等工作，服务职工技能提升，发挥优秀技能人才作用；同时，该企业工会联合企业行政出台“师带徒”实施方案，发挥生产技术骨干人才的“传、帮、带”作用，帮助、指导新员工立足岗位成长成才。

二是组织岗位技能比赛，提高职工技能。企业工会通过组织企业职工技能比赛等活动，促进企业职工技能交流，提高职工技能。例如，得力集团有限公司工会通过开展 QCC 活动，提高员工的品质意识，发动全员参加品质改善；开展产品创新提案活动，优化产品工艺、设计，提高产品品质；开展检验知识竞赛，提高检验人员的业务水平；开展岗位技能比赛，增加流水线团队协作能力，提高工作效率；开展精益生产知识竞赛，增强团队协作能力，提高精益生产知识；开展消防安全技能比赛，提高消防安全技能，加强消防安全意识；举办外贸、营销交流会，与外贸、营销人员以茶话会的形式，面对面沟通相关工作事宜，提高与外贸、营销人员的沟通效率。

三、宁波市江北工业区产业工人技能养成体系的特点

通过从企业、员工、政府、工会四个角度梳理分析江北工业区产业工人技能养成体系情况，可以看出，江北工业区的产业工人技能养成体系体现出以下四个特点。

（一）各级政府出台的系列文件为推进产业工人技能提升提供了较为完善的政策保障

公共产品理论认为，职业技能培训中的通用技能培训属于公共产品属性，专用技能培训应属于私人产品①。作为公共产品的通用职业技能具有收益的外

① 王飞. 政府购买农民工就业培训服务路径探析［J］. 社会工作与管理，2013，13（3）：28－34.

溢性，从公共政策的角度看，职业培训也是保护弱势群体、提升产业工人地位的重要途径，因而通用技能培训具有准公共性，其投资主体只能是政府①。技能人才培养的过程中，政府的主要作用在于宏观调控，其职能重心是推进人才培养，统筹和整合各方资源，更偏重于社会管理和公共服务职能，对于可以由私人或第三部门完成的工作，政府主张“不干预”，只愿意充当公共物品的提供者、调控者和公共秩序的维护者②。

宁波市政府、江北区政府等各级政府积极根据国家、省政府要求，以及产业转型升级需要，相继制定并出台了《宁波市中长期人才发展规划纲要》《宁波市“十三五”人才发展规划》《宁波市人才分类认定操作细则》《宁波市职业技能培训条例》《宁波市职业技能培训补贴管理办法》等相关政策法规，宁波市总工会、江北区总工会等各级工会，积极组织开展职工技能培训、技能比赛、技能大师工作室、首席工人、港城工匠、江北工匠等活动，以政策引导、活动熏陶，来营造崇尚技能的良好氛围，不断提高职工技能，打造高技能人才梯队。课题组通过对江北工业区企业和产业工人的调研发现，虽然企业会根据政府政策要求落实相关政策和活动，但是部分企业存在对职工技能培训重视不足、企业管理层职工培训意识薄弱等问题。产业工人方面也存在培训需求、考证意识不强等问题。这与政府和企业间衔接不到位有很大关系，再好的政策不能切实落地，也无法产生实效。就当前的实际情况而言，做好政府和企业间的有效衔接是亟待解决的问题。

（二）劳动关系市场化背景下职工技能的提升需要企业进行有效投入

改革开放后，随着“单位制”的瓦解、市场经济的逐步建立，工厂由

---

① 袁国敏，王飞．产业工人的职业技能培训途径研究——基于政府购买培训服务的视角［J］．山东工会论坛，2018（2）：17－24.

② 张霞．提升广东先进制造业产业工人职业能力的对策研究［D］．华南理工大学，2012（12）.

“单位—家长制”走向“市场—契约制”①，产业工人由“单位人”变成“社会人”，由封闭社会的“固定工”转换为流动社会的“契约工”，个人的能力和努力成为决定个人社会地位高低的主导因素。亚当·斯密认为，人的能力主要靠后天的学习和培养，而一种能力的学习是通过教育来获得，资本在教育上的投资以技能的形式表现出来。对受教育者来说是学习到一种才能，而对于社会来说，受教育者会创造出价值，教育资本就转化为社会财富②。

市场经济条件下，企业与工人之间是资本—劳动力的市场化劳动关系，企业作为市场的主体，一方面，需要高技能产业工人，提高工作效率，因而需要培养高技能产业工人；另一方面，企业培养出的高技能人才又可能会出现跳槽到其他单位的问题，而让企业面临人才流失的风险。因此现实中，企业往往关注的是自身的发展，更倾向于聘请熟练工，以外部培训方式，代替内部培训方式。工业区内的很多企业，在企业招聘时，都要求有相关技能证书和工作经历，便于员工进入岗位后通过培训就能快速胜任工作，这样一来，企业就能实现员工培训的成本最小化。当然，还一些企业认为，不需要对产业工人进行培训，认为工人能操作机器，能进行生产劳动就可以。这种观点实质上存在着一定的误区，其实，一方面，人工智能的发展虽然会对现有的生产秩序产生冲击，减少对劳动力的依赖，但这并不意味着机器就能完全替代人工；另一方面，人工智能的发展对职工技能水平提出了更高要求，这样一来，对职工开展使用先进设备、人机有效协作的培训，持续提升员工技能，会进一步提升劳动生产率。此外，企业应该加强企业文化建设，进一步关注职工的未来发展，增加职工对企业凝聚力、归属感。

---

① 朱立凡. 产业工人的社会整合与依附转型——对北京某大型国有制造J工厂的个案研究［D］. 北京工业大学，2016（06）.

② Adam Smith. The wealth of mations［M］. New York：Moden Library，1937.

（三）员工对技能提升的态度更多取决于其生计策略下的考量

根据技能获得模型（Model of skill acquisition）理论①，学习者在从技能低级阶段达到高级阶段所经历的情感、实践和认知转变，为职业培训体系提供了理论支撑。依据德雷福斯（Dreyfus）技能获得模型，以一个人的职业生涯发展为主线，注重打通各种形式、各种类型教育的通道，构建工人学习的"立交桥"，强化学习者的情感转变、实践转变和认知转变进程。最后，由于高超的技能表现不以表征为基础，也不能通过形式结构来分析，而是建立在身体意向的基础之上②。因此，产业工人技能养成，更多地体现出个体的自主角逐。

工业区企业员工的技能养成分为四种模式：规训成长型、自我主导型、勤学苦练型、自学成才型。而贯穿这四种职业养成模式的共同变量则是员工基于个体利益的考量而做出的自主抉择。具体而言，呈现以下特点。

一是在职工技能培训选择上专注于眼前利益。选择外部培训，获得资格证书，目的是希望获得具有更高待遇的岗位，资格证书是入职的"敲门砖"。而后续不愿意培训，则是培训对提高待遇没有任何帮助，反而会浪费时间、精力等，因此专注眼前利益是职工技能培养选择的一大特点。

二是技能养成以自主养成为主。无论经过外部培训入职的员工，还是经过师徒帮带入职的员工，其成为正式工以后的技能养成往往都是以自我学习摸索为主，进而成为熟练工、技能能手，三家企业均是以计件工资为主，技术越熟练完成件数越多，工资越高，因此职工愿意自我探索成熟练工、技术能手的主要动因是高工资。

---

① 成素梅，姚艳勤．德雷福斯的技能获得模型及其哲学意义［J］．学术月刊，2013（12）：64－70.

② 孙雯雯．当代产业工人职业培训需求与供给研究——基于河北省邢台市的调查［D］．2017（06）．

三是新型“师带徒”是新职工技能提升、快速入职的有效途径之一。无论是否接受过外部培训，因为企业的不同、设备的不同，工人在入职后都必须经过岗位培训才能快速适应，由于实操技术的独特性，使新入职员工不可能听听就可以，必须在老员工的带领、指导下才能操作设备、开展工作，这也使新型“师带徒”成为企业、职工都非常欢迎的岗位培训方式。但是，受市场经济、利益主体选择，以及师徒竞争关系等的影响，新型“师带徒”在培养高技能职工中的作用弱化许多，如何有效发挥新型“师带徒”模式，利用“互联网+”培养高技能人才、建设高技能人才队伍，需要进一步思考。

四是职工的考证意识不强。政府对职工考证有诸多政策补贴，但实际调查发现职工考证不多。造成这一现象的原因众多，如企业重视不足，宣传不够；待遇和证书不挂钩；职工付出和收获不对等；职工自身意识不够，缺乏长远职业规划。

五是企业的正向激励可以有效激发职工提升技能。调查发现，企业重视员工发展，员工也会正向反馈企业。如果企业将职工技能培训上升到企业文化中，制定企业职工自主培养、管理、评价体系，通过待遇激励、制度育人、管理激励、文化育人等激励员工开展技能培养、成就员工，那么职工也愿意将自己的技能贡献于企业，促进企业更好、更快地发展，形成对企业的较高忠诚度和归属感，从而最终形成企业与员工的事业共同体、命运共同体。

（四）产业工人队伍技能养成的利益相关者逐步趋于多元平衡状态

广义“利益相关者”认为，应包括“那些能影响企业目标的实现或被企业目标的实现所影响的个人或群体”①。产业工人职业技能养成体系，涉及主要利益相关者有政府、工会、企业、工人等，不同类别的利益相关者价值取向、利益诉求不同，彼此之间存在着复杂的关系。

---

① Freeman R E. Strategic Management: A Stakeholder Approach [M]. Boston, M A: Pitman, 1984.

江北工业区的实践表明，企业、员工、政府、工会各方利益主体正趋于多元平衡，逐步达成共识、形成合力，以共同适应人工智能快速发展背景下的制造业转型升级的需要。对于政府而言，需要发展经济，促进产业转型；推进《中国制造2025》早日实现，需要建设高技能人才队伍。政府通过制定相应政策，进行宏观调控。工会组织作为政策落实的推动者和参与者，能够有机连接起政府、企业和员工；尤其在企业层面，企业工会可以利用群众组织优势，承担“职工学校”的功能，组织开展各类活动，为职工技能提升提供各类培训。企业既是市场主体，又是用人单位，更是技能提升的直接受益方之一，重视职工技能养成，落实政府政策，开展职工技能培训，有利于企业寻求长远发展。广大产业工人是技能提升的主体，树立正确的职业观，进行长远职业规划，参加职业技能培训，获得一技之长，最后也将直接通过个人技能实现个人梦想。

四、完善产业工人技能养成的建议

随着经济转型、《中国制造2025》的推进，以及机器换人的产业背景，人的技能重要性更加突出，对技术工人也提出更高技能要求，过去生产工人，以体力劳动为主；现在以智力劳动为主，要求一专多能。产业工人技能培养是一项系统工程，需要政府、工会、企业、员工多方协作，协同推进。

（一）政府层面

一是完善和健全产业工人技能培养相关政策，发挥政策导向作用。制定并完善技能人才形成、晋级、使用、管理等相关政策，为促进技能人才队伍建设提供制度保证。健全政府培训机制，充分发挥“五一”劳动学校等职工培训学校、在线教育基地等阵地作用，线下、线上双结合，深入持久地开展职工在职培训、技能提升以及继续教育，立功竞赛、技能培训、技能比武、技术创新、劳模带动等活动，加大对企业培训与职业教育的财政补贴与支持力度。指导不同行业和企业科学制定自主评价体系，以评价促提升，推动不同行业和企业的产业工人技能养成。引导企业创新职工技能养成模式，构建“培训、练兵、比武、晋级”四位一体的职业技能发展机制，建设高技能人才队伍。

二是注重推进政策实施落实，政府引导，统筹资源，合力推动。调查发现，在产业工人技能培养上，存在政府与企业衔接不到位的现象，往往政府做政府的，企业做企业的，有效衔接桥梁没能架接起来，导致政府政策无法有效落地，因而政府应通过工会制定政策引导企业开展职工技能培养，完善政府推动、工会组织、企业主动、社会参与的高技能人才培养体系，推进技能人才培养。政府政策推动、工会培训活动组织、企业主动开展培训，社会培训机构、社会力量广泛参与合力推动产业工人技能培养。

三是营造尊重劳动，尊重劳动者的良好社会风尚。通过具有政治身份的产业工人畅通党和政府与一线职工的沟通渠道，反映一线产业工人的诉求、建议，各级工会组织可为他们提供培训和调研的机会，帮助提升参政议政的能力水平，提供来自基层一线职工的主张诉求等资料。加强宣传引导，通过劳模表彰、宣传榜样、影视剧制作等方式，强化正面典型引领，营造尊重劳动者的良好社会风。

四是加大公共服务供给，解决产业工人子女就学、住房等问题。政府应做好基础性服务工作，完善相应社会保障制度。一要加大廉租房、人才房建设，提供充分房源，同时注意政策向技能人才倾斜，优先考虑高技能人才住房需求；二要放宽产业工人子女就学政策，对优秀技能人才子女就学给予一定的宽松政策，让产业工人，尤其是高技能人才无后顾之忧，为宁波的产业转型升级留住人才。

（二）工会层面

一是加强和推进产业工人技能培训，尤其是紧缺专业技能人才培训。要贯彻落实《宁波技能提升三年计划》等各项目标任务，充分发挥工会“大学校”作用，加快培养与宁波制造要求相适应的知识型、技术型、创新型的高素质劳动者队伍。特别要注重产业工人创新能力和技能素质的提升，广泛深入开展职工立功竞赛、技能培训、技术创新、技能比武等活动，联合政府有关部门进一步完善“培训、练兵、比武、晋级”四位一体的职业技能发展机制，培养一大批“甬港工匠”，为宁波创新驱动发展、产业转型升级提供坚实的智力支持和人才保障。

二是将劳模精神和工匠精神融入产业工人技能培训，加强思想引领作用。“弘扬劳模精神和工匠精神，营造劳动光荣的社会风尚和精益求精的敬业风气”是实施人才强国战略、创新驱动发展战略的必然要求，也为新时代社会主义劳动者队伍建设指明了方向。立德树人，优秀的高技能人才，也必然凸显劳模精神和工匠精神，因而，应将劳模精神和工匠精神纳入职业院校基层课程和企业职工技能提升培训体系，作为价值观教育的重要内容。

三是做好产业工人劳模典型的评选、宣传工作，发挥榜样带动作用。积极开展首席工人、劳动模范、甬港工匠等产业工人典范评选活动，树立产业工人典型。多渠道广泛宣传劳模事迹。通过线下、线上互动，多媒体、VR等手段应用，以贴近职工生活，让职工喜闻乐见的方式宣传劳模。发挥劳模、工匠和高技能人才的模范带动作用，构建技能导向和创新贡献导向激励机制。依托劳模创新工作室、技能大师工作室等平台作用，开展职工技能培训。

四是架接政府和企业的衔接沟通，畅通信息，推进政府政策的落实。工会应发挥桥梁作用，架接政府和企业直接的桥梁，畅通信息，充分学习、理解政府关于产业工人技能培养、队伍建设相关政策，做好政策的解读、推动、落实工作，实行上情下达。深入企业，了解企业在职工技能培养中的政策需求、现实困难等，实行“下情上达”。做好产业工人技能培养相关活动，动员企业广泛参与，在参与中实现政策落地。

（三）企业方面

一是重视产业工人技能培养，将职工技能培养与企业长远发展相结合。思想决定行为，企业应重视职业技能培养，形成良好的技能人才培养、成长氛围。企业应制定产业工人技能培养规划，构建技能人才培养长效机制。加大培训经费投入，按照职工工资总额的一定比例提出职工教育培训经费，并列入企业成本开支。主动开展职工技能培养，有了梧桐树，不怕金凤凰飞走。制定企业发展长远规划，将产业工人技能培养与国家职业资格鉴定接轨，为企业留住人才。

二是制定企业产业工人技能评价体系，待遇提升制度，激励产业工人进行职业技能培训。企业应建立科学、合理的产业工人自主评价体系，将技能等级与待遇挂钩，建立技能人才激励机制，落实技能人才各项待遇。形成或完善分配制度，调动高技能人才积极性，改革现有以计件为主的工资制度，将职业技能资格、业绩贡献等纳入分配制度。建立规范有效，经济利益与荣誉激励双结合，以奖励为导向的高技能人才奖励体系。

三是开展企业内职业技能精神，企业外技能竞赛，以赛促训，提高产业工人技能水平。切实落实政府政策，重视工会的地位和作用，积极职业培训、技术练兵、操作比武、技能晋级。开展职业培训，学习职业精神、职业道德、劳模精神、工匠精神、技术要领、操作规范。技术练兵，通过师傅帮带，实践操作，让职工快速入岗，成为熟练工。操作比武，开展同岗、同行间比赛，获胜者推荐参加区级、市级、省级、国家级竞赛，促进职工技能提升。

（四）产业工人方面

一是树立正确的人才观。当前，受社会上“重仕轻工”观念的影响，大环境上的“角色忽视”，现实中的地位和作用不被认可，社会各界对“人才”认识存在偏差，影响了产业工人对自身的认识。随着产业升级，企业创新的不断发展，技能工人的作用越来越凸显，产业工人应转变认识，认识到“能把卫星送上天的是人才，能使屋顶不漏水的也是人才”，坚信“三百六十行，行行出状元”，通过自身努力，提升技能，发挥身为技能人才的作用，提高自身待遇，进而提高自己的职业地位。

二是明确职业发展规划，以目标引领行动。从工业区产业工人职业发展情况看，技能水平起到了关键的支撑作用。所以，对员工而言，不能仅仅满足于完成当前工作任务，而是应该保持学习动力、结合自己所在行业的发展前景思考自己的未来发展，进一步明确自己的职业发展规划，提前采取行动。通俗地讲，员工可以靠技能水平实现“技而优则仕”，成长为基层领导者，甚至中层、高层领导者，但实际情况是，员工的成长不仅有利于自身发展，而且对企业、对社会都会产生积极贡献。

三是不断加强自身职业技能的学习和提升。人的认识的获得可以通过直接经验获得，也可以通过间接经验获得。通过跟着师傅学习，在师傅的指导下进行实操训练，达到快速上岗的目的。培养自我学习能力，通过理论知识的学习，逐步适应“互联网＋培训”的学习方式，善于与他人进行经验交流分享，再自我总结、反思、提升，快速成长为“能手”。要积极参加企业内知识竞赛、技术练兵、技能比赛等，提高技能实操水平。

第七章

成都工匠：拓展产业工人发展通道的积极探索

我国经济发展正处于转型升级的关键时期，培育工匠、弘扬工匠精神对提升我国产品质量、建设质量强国和制造强国具有特殊的重要意义。而在提升产业工人发展技能的同时，完善产业工人发展制度建设同样重要。只要完善了产业工人的发展通道，技能提升的必要性才能更加显现出来，产业工人提升职业技能的积极性和迫切性也会更高。本章以成都市产业工人队伍建设为例，基于“成都工匠”的评选培育制度建设，在实证调研的基础上，着眼成都经济社会发展全局和产业发展大局，探讨选评培育工匠和完善产业工人发展制度建设的重要作用。

一、拓展产业工人发展通道的重要意义

（一）加强产业工人发展制度建设的时代背景

党的十八大以来，以习近平同志为核心的党中央提出了一系列关于做好人才工作、实施人才强国的战略部署，为做好人才工作提供了理论遵循和行动指南。2017 年 4 月，中共中央、国务院印发了《新时期产业工人队伍建设改革方案》，之后又相继出台了系列重要政策文件，大力推进产业工人队伍建设。

2017 年 4 月，成都市第十三次党代会胜利召开；2018 年 7 月，成都市又成功召开了国家中心城市产业发展大会。为贯彻落实中央关于培育新时期产业工人队伍战略部署，根据成都市第十三次党代会精神和成都国家中心城市产业发展大会精神，成都市委市政府强势推出了《人才优先发展战略行动计划》等配套政策，从创业资助、产业人才等十二个方面着手，提升成都会集

人才的底气。为充分发挥产业工人在推动成都建设全面体现新发展理念的国家中心城市中的支撑作用，成都市总工会提出了评选培育“成都工匠”的制度设想，旨在围绕成都市委、市政府确定的，由支柱产业、优势产业、未来产业构成的现代产业布局在各行业中培养一大批扎根成都大地、具有高超技艺、做出突出业绩、传承工匠精神、热心培养团队、勇于变革创新的高技能领军人才，为成都市产业工人队伍建设改革发挥示范引领作用，进而为成都市实现产业转型升级和打造经济强市贡献长久动力。

目前，从各地经验情况来看，工匠的评选与培育呈现三个明显特征：一是以工会牵头居多，一些地方是人社部门在牵头运作；二是工匠标准不够量化，更多是满足舆论宣传需要；三是缺乏长远规划，与当地产业工人队伍建设改革结合不够紧密。成都市总工会所推进的成都工匠评选培育恰好克服了目前工匠评选中的一些缺陷，积极探索工匠的量化标准，且与成都市产业发展定位和产业工人队伍建设紧密结合，着力建立长效机制，具有较强的实践意义和创新价值。

（二）完善产业工人发展制度的重要意义

加强产业工人队伍建设，培育与评选工匠，是践行五大发展理念、适应经济发展新常态、推进供给侧结构性改革、推动创新发展的迫切需要，对成都建设国家中心城市、人才强市和提升产业工人队伍整体素质，具有重要意义。

1. 评选培育成都工匠的历史机遇

（1）国家推进产业工人队伍建设改革

党中央历来高度重视产业工人队伍建设，特别是党的十八大以来，习近平总书记站在党和国家工作全局的战略高度，就产业工人队伍建设作出一系列重要论述，明确要求就新时期产业工人队伍建设改革提出总体思路和系统方案，为推进新时期产业工人队伍建设改革提供了基本遵循和行动指南。当前，国内经济运行仍存在不少问题，实体经济特别是制造业困难增大；国际产业结构深刻调整，科技革命和产业革命的蓬勃发展，给产业工人带来机遇也带来挑战；加上我国产业工人队伍建设在技术技能、素质结构、体制机制等方面还存在一些障碍，影响到产业工人队伍的发展壮大。

从全球来看，新一轮科技革命和产业变革与我国加快转变经济发展方式形成历史性交会，国际分工格局正在重塑。我国经济发展进入新常态，从高速增长转为中高速增长，经济结构不断优化升级，从要素驱动、投资驱动转向创新驱动，经济向形态更高级、分工更优化、结构更合理阶段演进。产业工人身处生产制造领域的最前沿，是创新驱动发展的骨干力量，是实施制造强国战略的有生力量，对生产制造领域的革新攻关、转型升级起着决定性作用。从党和国家性质着眼，推进产业工人队伍建设改革，是以习近平同志为核心的党中央坚持以人民为中心的发展思想和全心全意依靠工人阶级方针的重要体现，是巩固党的执政基础、实施制造强国战略、全面提高产业工人素质作出的重大决策部署，意义重大，势在必行。在此背景下，评选和培育“成都工匠”，建设一支高素质的产业工人队伍，已经成为一项重要而紧迫的战略任务。

（2）构建高端高质高新现代产业体系

成都市第十三次党代会报告提出，建设西部经济中心，成都要以融入全球产业链高端和价值链核心为导向，构建以技术密集型和知识密集型为核心的高端高质高新现代产业体系，加快建设面向亚欧、辐射西南的经济中心。在成都国家中心城市产业发展大会上，四川省委常委、成都市委书记范锐平表示，将重点支持电子信息、汽车制造、食品饮料、装备制造、生物医药五大支柱产业提升能级，大力支持航空航天、轨道交通、节能环保、新材料、新能源五大优势产业领先发展、规模发展，超前布局人工智能、精准医疗、虚拟现实、传感控制、增材制造等未来产业，抢占行业发展制高点。

当前成都以建设国家中心城市为目标，加快构建以技术密集型和知识密集型为核心的高端高质高新现代产业体系，需要对“成都工匠”的评选工作进行顶层设计，培养一支门类齐全、数量充足、结构合理、技艺精湛、素质优良的高技能人才队伍，造就更多适应成都产业发展要求的“成都工匠”，将人力资源优势转变为人才优势，将人才优势进一步转化为技能优势，为成都产业结构转型升级提供有力的人力支撑、智力支撑和创新支撑。

2. 评选培育成都工匠的重要意义

（1）积极实践《新时期产业工人队伍建设改革方案》

产业工人队伍建设改革是实施科教兴国战略、人才强国战略、创新驱动战略、制造强国战略的重要支撑和基础保障。《新时期产业工人队伍建设改革方案》（以下简称《改革方案》）中提出，构建产业工人技能形成体系，着力提升产业工人的素质能力，造就一支有理想守信念、懂技术会创新、敢担当讲奉献的宏大的产业工人队伍。构建产业工人技能形成体系，就是通过改革和完善相关制度，有效干预技能形成过程，协调平衡各方利益，形成有利于提高产业工人队伍技能水平的体制环境，建立完善面向产业工人的职业教育和职业培训制度体系，推动高素质产业工人队伍建设。通过顶层设计评选“成都工匠”，改进产业工人技能评价方式，是构建产业技能评价体系的重要举措，是成都市落实《改革方案》的积极实践。

（2）形成增强城市人才竞争力的有利抓手

为了将成都建设成具有国际竞争力的人才强市，成都市委、市政府先后推出《优秀人才培养计划》和《人才优先发展战略行动计划》，希望将成都打造成国际一流的人才汇聚之地、事业发展之地和价值实现之地。通过评选和培育“成都工匠”，健全和完善高技能人才培养、使用、评价、激励等各项政策措施，加大制造业领军人才和紧缺人才引进力度，吸引、集聚和培养一批掌握世界尖端技术的高端技能人才和创新团队，形成一支门类齐全、技艺精湛的高素质产业工人队伍，对提高成都人才竞争力具有重大而深远的意义。

（3）储备高素质技能人才的有效途径

当前成都针对技能人才已出台和实施了一系列新政，如给予高层次人才创新创业支持、鼓励青年人才来蓉落户、保障人才住房、激励产业人才和提高人才医疗待遇等，吸引和汇聚了更多高技能人才来成都，推动高技能人才总量稳步增长。通过评选和培育“成都工匠”，提高技能人才经济待遇和社会地位，提升高技能人才的职业荣誉感，营造人才辈出、人尽其才、才尽其用的社会氛围，可以让更多“成都工匠”在成都大展身手、大有作为。

（4）构建高技能人才评选机制的创新探索

技能评价方式是产业工人技能形成体系的核心，对工人自我学习提高技能的意愿、企业投资技能培训的积极性甚至整个技能形成体系的效能都会产生影响。通过顶层设计构建“成都工匠”评选培育体系，将是对高技能人才评选机制和技能评价方式的创新探索。“成都工匠”的评选可以把具有工艺专长、掌握高超技能、发挥领军作用、作出突出贡献的一线产业工人评选出来，有利于发挥高技能人才的创新引领作用，彰显产业工人在创新发展中的主力军作用；建立多层级的“成都工匠”评选机制，将“成都工匠”的评选同企业层面的首席技能专家、技术能手评选结合起来，构建“成都工匠”与劳动模范衔接机制，有利于畅通高技能人才的晋升发展通道和构建合理的高技能人才梯次结构；建立健全“成都工匠”的培育评选体系，有利于激发广大职工学习技术、提升技能的积极性和主动性，推动各级职工技能大赛向纵深发展。

二、成都市产业工人队伍的基本状况

2016 年 4 月，国务院正式批复的《成渝城市群发展规划》明确提出，成都要以建设国家中心城市为目标，这赋予了成都在新的发展时期更高的历史使命和责任担当。围绕这一目标，成都的产业结构将从传统工业引领向产业融合发展转型，主导产业从中低端为主向高端高质高新现代产业迈进。成都市产业发展战略的实现归根结底要靠人才，从制造业的生产规律来看，无论是支柱产业，还是优势产业，也包括未来产业的发展，既需要一批理论功底扎实、掌握核心技术、善于创新创造的研发人员，还需要一大批实践技能突出、具有娴熟技术、善于解决实际问题的高技能人才，更需要一大批精益求精、追求卓越的“成都工匠”。近年来，成都产业工人队伍建设取得新的进展，产业工人为改革发展作出了重要贡献。与此同时，技术工人缺乏尤其是高技能人才缺乏、高技能人才评选缺少顶层设计、产业工人职业发展通道不畅等问题仍然存在，相关法律法规政策也需要进一步完善落实。

（一）成都市产业发展定位

1. 确定以增强“五中心一枢纽”功能为目标的城市产业发展方向

2016 年成都地区生产总值为 12170.2 亿元，在全国副省级城市中排名第三，仅次于广州、深圳；在全国省会城市中排名第二，仅次于广州。成都的快速发展必然离不开产业的支撑。产业是城市发展的物质基础和动力源泉，城市功能定位也为产业发展明确了方向。当前“五中心一枢纽”的功能定位，为成都建设国家中心城市明确了方向。西部经济中心作为国家组织经济活动、配置资源的中枢，将促进成都电子信息、汽车制造、装备制造等支柱和优势产业发展；西部科技中心作为创新要素集聚和配置的高地，将促进科技服务业等知识密集型和技术密集型产业的发展；西部金融中心作为资本集聚、流通和高效配置的核心，将促进金融服务产业发展；西部文创中心作为文化传承的重要承载，将促进文化创意产业的发展；西部对外交往中心作为全球贸易合作和政治文化交流的窗口，将促进外贸服务、会展旅游等产业的发展；综合交通枢纽作为通达全球的国际性门户，将促进成都现代物流产业的发展。

2. 着力构建以技术密集型和知识密集型为核心的高端高质高新现代产业体系

当前成都基本形成了以制造业为主导、服务业为支撑的产业结构体系。数据显示，2016 年成都第一产业实现增加值474.9 亿元，同比增长4.0%；第二产业实现增加值 5232.0 亿元，同比增长 6.7%；第三产业实现增加值 6463.3 亿元，同比增长 9.0%。三次产业结构为 3.9∶43.0∶53.1（见图 7.1）①。为了更好地融入全球产业链高端，在更高层次参与全球资源整合和竞争，成都市的产业体系也在从传统产业主导向新兴产业引领转型。2015 年成都市电子信息产品制造业、机械产业、汽车产业、石化产业、食品饮料及烟草产业、冶金产业、建材产业、轻工行业八大特色优势产业工业总产值占全市比重达到 88%②。生物医药、航空航天、新材料等战略性新兴产业和先进制造业分别占工业总产值比重达到 31%和 43%，以信息技术服务、现代金融、科技服务、现代物流为代表的生产性服务业在服务业增加值中占比达到 49.6%。这些知识密集型、技术密集型产业逐步成为引领成都产业发展的主导。因此，围绕“五中心一枢纽”的国家中心城市目标，成都市将加快构建以培育先进制造业新优势、打造现代服务业新引擎、构筑都市现代农业新高地为特点的现代产业体系。

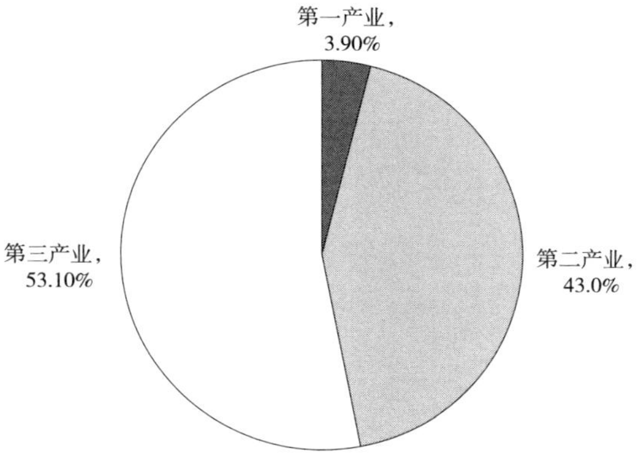

图 7.1　2016 年成都市生产总值构成

---

① 数据来源：《成都市国民经济和社会发展统计公报（2016）》。

② 数据来源：《成都统计年鉴（2016）》。

3. 逐步形成以三次产业功能互补、协调发展为特点的产业融合发展路径

从改革开放以来成都市产业结构变动趋势来看，随着农业比重的下降和服务业比重的不断上升，成都市第二产业产值占 GDP 比重经历了一个“先上升后下降再缓慢上升”的变化过程，占比从未超过 50%（见图 7.2），可以说成都的产业发展仍然处在工业化的中后期，尚未进入后工业化阶段。但是随着新一代信息技术、互联网、物联网、人工智能等高新技术与传统产业的深度融合，成都产业也逐步进入融合发展的新阶段。产业融合的出现意味着产业演进的范式发生了革命性的变化：从工业经济时代的产业分工转变为服务经济时代的产业融合。这种融合主要表现为服务业不断融入制造业过程中，产品价值更多地体现在服务上，服务在制造业中的价值贡献日益显著。当前成都服务业与制造业协同发展趋势日益显现，以交通运输、商务服务、技术服务、金融服务等为代表的生产性服务业对制造业拉动力不断增强。2016 年，成都市生产性服务业实现增加值超 3200 亿元。加快推进生产性服务业与制造业融合互动发展，发挥生产性服务业对制造业转型升级引领作用，将是全面实施《成都制造 2025 规划》、落实《成都市〈中国制造 2025〉试点示范城市创建实施方案》的重要推手。

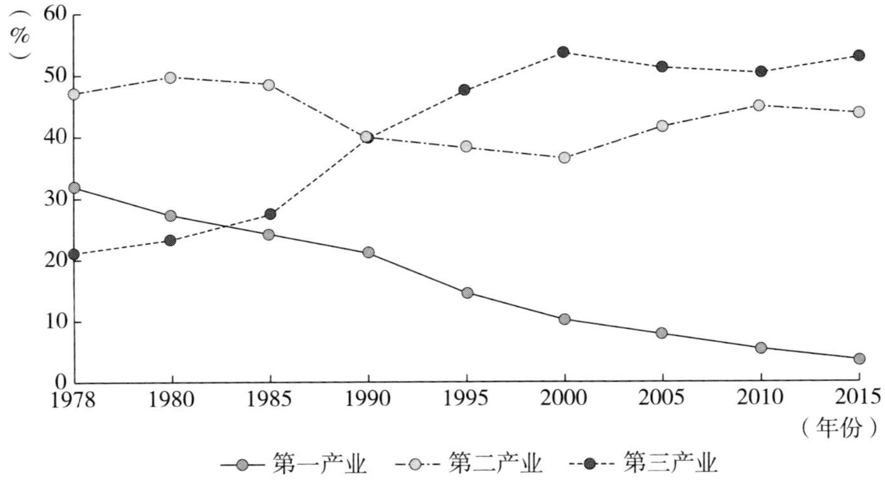

图 7.2　1978—2015 年成都市三次产业结构变动趋势

（二）成都市产业工人队伍建设的亮点

1. 产业工人队伍规模持续扩大，结构逐步优化

随着成都市经济社会快速发展和产业结构转型升级，产业工人队伍不断发展壮大，产业分布主要集中在第二产业和第三产业。从历史变动趋势来看，成都市第一产业从业人员占全市总从业人员比重不断下降，从 1978 年的 63.4%下降至 2015 年的 16.4%，第二产业和第三产业从业人员比重不断上升，分别从 1979 年的 16.2%和20.4%上升至 2015 年的 34.3%和 49.3%（见图 7.3）[①]。与产业工人的分布结构一致，成都市的高技能人才也更多地分布于第二、第三产业，这是成都人才资源的一大特征。据统计，2015 年成都市专业技术人才在第一、二、三产业的比重分布为 0.42%、37.37%、62.21%[②]。此外，农民工已经成为产业工人的主体，2015 年成都市从业人员总计 826.41 万人，其中农民工人数为 290.35 万人，占整个从业人数的 35%。

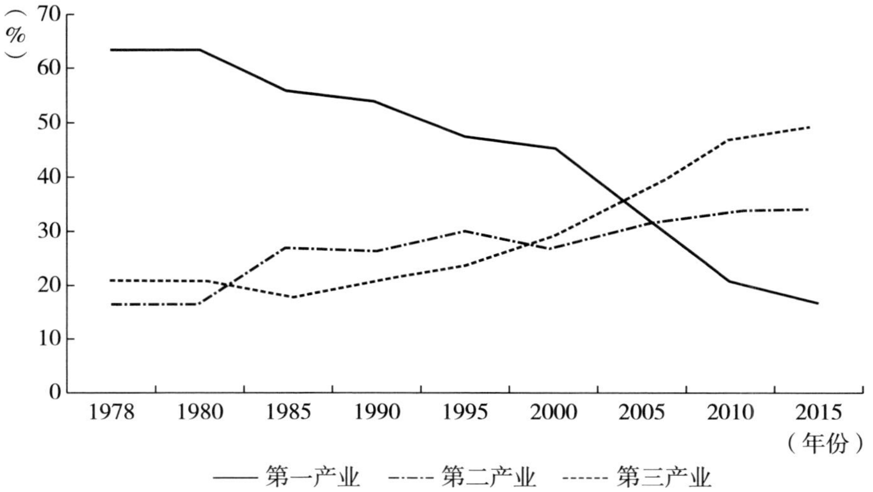

图 7.3　1978—2015 年成都市三次产业结构变动中从业人员比重

① 数据来源：《成都统计年鉴（2016）》。

② 数据来源：《成都市人才资源状况报告（2015）》。

2. **产业工人素质逐步提升**

产业工人的整体素质对城市化的水平和产业的转型升级具有至关重要的意义。随着成都市产业工人队伍规模不断扩大，产业工人素质也在不断提升。截至2015年底，成都市共有各行各业人才376.25万人①，占全市从业人员总数的45.5%。其中技能人才共有153.3万人，专业技术人才150.75万人，占人才总量的81%。在全市各类人才中，具有大专以上学历或者初级以上职称的人员250.12万人，占人才总量的66.48%。专业技术人才中具有大专以上学历146.15万人，占96.95%；技能人才中具有大专及以上学历66.09万人，占43.11%②。高素质的产业工人队伍和充沛的人才资源为成都市产业发展提供了核心要素支撑。

3. **高技能人才引进机制不断创新**

人才是发展之基、创新之要、竞争之本。成都市的产业转型升级需要高素质的产业工人来支撑，高素质的产业工人需要高技能人才的引领。为建设具有国际竞争力的人才强市，《成都实施人才优先发展战略行动计划》于2017年7月正式出台，通过人才落户、住房保障、医疗待遇、激励扶持、人才培养、人才服务等优惠政策来不断吸引和集聚高素质人才。例如，为了鼓励青年人才来蓉落户，凡是具有普通全日制大学本科及以上学历的青年人才凭毕业证即可申请办理落户手续。为更好地对接和服务主导产业发展，成都市对市域实体经济和新经济领域年收入50万元以上的人才，按其贡献给予不超过其年度个人收入5%的奖励；对全市重点产业、战略性新兴产业企业新引进的急需紧缺专业技术人才和高技能人才，三年内给予每人最高3000元/月的安家补贴；等等。通过一系列人才引进和发展的体制改革和政策创新，成都市已具备一定的人才制度优势，为高素质产业工人队伍的建设奠定了良好

① 人才是指具有一定的专业知识或专门技能，进行创造性劳动并作出贡献的人，是人力资源中能力素质较高的劳动者。

② 数据来源：《成都市人才资源状况报告（2015）》。

的制度基础。

4. **高技能人才评比氛围浓厚**

技能人才是人才队伍的重要组成部分，是推进产业发展的主力军。为了加强成都市高技能人才队伍建设，更好地为高技能人才成长和发挥作用创造条件，成都市当前开展了以“成都百万职工技能大赛”“穗港澳蓉青年技能竞赛”“成都经济区职业技能大赛”和“成都市青年技能竞赛”为主的市级技能竞赛，其中由成都市总工会近年来举办的百万职工技能大赛（一类、二类和三类）参赛职工达110万人次。各类职业技能竞赛活动蓬勃开展，已成为加快高技能人才脱颖而出的重要渠道。全市还建立了各级“工作室”480个，创新成果1800余项，获国家专利1000余项，创造经济价值近亿元。成都市具有全国劳模142人（在职78人），省部级劳模（全国五一劳动奖章）1740人（在职887人），市级劳模4264人（在职2091人），省五一劳动奖章96名，市五一劳模奖章119名，大国工匠1人，天府工匠8人，成都工匠9人，以及大量具有技术能手、技术标兵、金牌工人、能工巧匠等荣誉称号的高技能人才。崇尚劳动、尊重技能、重视高技能人才的社会氛围正在逐步形成。

5. **积极探索高技能人才晋升通道**

对一线产业工人来说，职业发展通道的畅通和技能鉴定体系的建立不仅为他们提供了晋升的台阶，更重要的是指明了前进的方向。只有明确了目标和路径，配合以有效的激励措施，让一线产业工人感觉更加“有前途”“有奔头”，技能人才队伍的整体素质才能稳步提升。调研发现，当前成都有不少企业已经在技能人才的晋升通道上做出积极探索。较为成熟的有成飞公司的“长、家、匠”职业晋升模式；“长”主要为行政管理人员提供职业发展通道；“家”主要为技术专业职称人员提供职业发展通道；“匠”主要为一线技能型人才提供职业发展通道。三个通道并行不悖，为一名员工的成长提供了多种可能，克服了长期以来存在的“一线技能人才只有进入管理岗位才能实现个人职业发展”的体制弊端，为高技能人才的培养、成长、晋升开辟了制度空间。还有一汽大众成都分公司以及一些民营企业提出的职工技术路线和管理路线的“双通道”发展路径，生产岗位员工可以通过操作技能的不断提升，实现操作技能职务的晋升；管理岗位员工可以通过专业技术水平的提升，实现专业技术职务的晋升。聘任的操作技能职务和专业技术职务人员将享受同级别同等薪酬待遇。职业“双通道”的实施将有效拆除阻碍技能人才队伍发展的“天花板”“玻璃门”，充分发挥职工个人价值潜能。

6. 职业教育服务经济社会发展效用明显

职业教育为成都区域经济社会发展培养了大量高素质劳动者和技术技能人才，已成为支撑成都市产业结构转型升级和经济发展的重要力量。当前，成都中等职业学校有127所，专任教师1.2万名，在校生29万余名，中职毕业生就业率多年保持在96%以上。高职学院26所，在校生约18万人。90%的区（市）县有一所国家级示范或省级及以上重点中职学校，公办学校校均学生规模超过3000人，“双师型”教师比例达到70%，该比例指数位列全国15个副省级城市第二位。成都全市职业院校专业设置紧密围绕成都市支柱产业和优势产业发展的各个领域。近三年来，职业院校分别为成都市产业发展输送中高职毕业生45万余名，成为成都市高素质技能型人才的主要来源。

（三）当前成都市产业工人队伍建设亟待解决的问题

1. 高技能人才供需的结构性矛盾较为突出

2016年成都市共有产业工人820万人，第二产业和第三产业约有职工550万人，技能人才（含初中高级工及以上）为168万人，其中第二产业技能人才19万人，占成都市技能人才的比例为11%；第三产业技能人才149万人，占成都市技能人才的比例为89%；成都市高技能人才（高级工及以上）为44万人，占全市技能人才的比例为26%。上海市2016年拥有技能劳动者388万人，高技能人才104万人，高技能人才占技能劳动者比例达到31%。由此可见，成都高技能人才占技能劳动者的比例无论是总量还是相对比例都落后于工业基础较好、产业发展水平较高的上海。以 2016 年第三季度成都市劳动力供求状况对比来看，各技术等级均处于需求人数大于求职人数的状况。其中，岗位空缺与求职人数的比率相对较高的是高级专业技术职务、职业资格二级（技师）和职业资格四级（中级技能），岗位空缺与求职人数的比率分别为 6.91、5.82 和 4.88①。这表明就业岗位技能要求与劳动者技能结构不匹配，高素质技能人才的供求矛盾突出。总体来看，成都市高技能人才的总量、结构和素质还不能适应经济社会发展的需要，特别是在制造、加工、建筑、能源、环保等传统产业和电子信息、航空航天等高新技术产业以及现代服务业领域，高技能人才严重短缺，已成为经济社会持续发展和产业升级的瓶颈。

2. 高技能人才合理梯队尚未形成

数据显示，成都市年龄在 45 岁以下技术工人占全部技术工人的 89.7%，其中 30 岁以下占 47.5%。从年龄结构上来看，企业技师、高级技师年龄偏高，青年在高技能人才中所占比例较小，高技能人才没有形成合理的人才梯队。此外在调研中还发现，由于受传统观念影响，长期以来社会上重学历轻技能的观念仍然比较普遍，“干部”与“工人”之间的身份差别依然存在，导致企业职工尤其是青年技术工人学习技能的积极性不高，不愿意走技能职务的晋升通道，更愿意选择行政管理岗位，更向往高薪工作，尤其是中小民营企业员工流动性很大，高技能人才流失现象时有发生。

3. 不同身份职工在职业技能培训上存在较大差异

职工技能培训是提高企业员工技能水平、激发职工创新愿望、提升企业生产率的重要途径，是比物质资本投资更为重要的人力资本投资。但是由于人力资本投资具有正外部性，导致不同身份职工在职业技能培训上存在较大差异。在调研中发现，国有大中型企业由于资金充裕，投入大量人力、物力、财力对职工进行技能培训，加快人才梯队培养。一些私营企业由于存在着急

---

① 数据来源：四川省成都市 2016 年第三季度公共人力资源市场职业供求状况分析报告。

功近利的心态，认为职业技能培训耗时长，成本高，往往忽视职工培训和继续教育，职工培训责任主体的作用没有得到很好发挥。此外劳动合同制职工与劳务派遣工在技能培养方面存在较大差距。例如，在中国电科，男性技工在35岁以前、女性职工在30岁以前获得高级工资质，才能转为合同制职工。还有一些企业，使用劳务（外包）工比例远远高于劳动合同制职工，因为担心进行职业技能培训后出现职工流失的情况，导致不愿意在职工技能培训上投入资金，这类企业“重使用、轻培训”的现象十分突出。

4. 高技能人才的待遇有待进一步落实提高

当前，虽然一些企业的高技能人才已经享受了较高的待遇，但是就整体来说，高技能人才在劳动报酬、福利待遇、提职提级等方面依旧远不如管理人员和专业技术人员。通过调研发现，在很多企业中高技能人才与普通技能人才薪酬水平差距不大，不同技术等级的高技能人才收入差距没有拉开，高技能人才对当前薪酬的不满意程度明显偏高。还有一些企业反映对技能人才的奖励和激励政策落实不到位，缺乏连贯性，一些激励计划“总在路上难落地”。针对高技能人才的奖励不能仅仅停留在奖金，还要在职业技能等级、职称评定、编制、岗位聘任、工资、学习进修、住房、医疗等方面加大激励力度，享受相应待遇，使高技能人才得到相应的社会地位和尊重。

5. 高技能人才评选机制有待优化

当前成都市的高技能人才评选体系虽已初步形成，以职业技能竞赛和百万职工技能大赛为主要平台，开展了劳动模范、五一劳动奖章（状）、各类技术能手、“金牌工人”“能工巧匠”“成都好工人”等评选活动，但是对技能人才的表彰奖励和评选命名存在着主体分散、政出多门、衔接不够、称谓繁多、激励单一等问题，无法凝聚培养高技能人才有效合力，产业工人技能评价方式和激励机制缺乏顶层设计。此外通过调研还发现三个问题，首先是职业技能评价存在“重学历”误区。在技能人才评价上，学历、论文、配额仍处于人才评价主体地位，这对于学历偏低或无学历的技工院校毕业生和技能人才是不适合的，严重损害了技能人才的利益，导致技能人才上升空间有限、职业发展通道不畅。其次是现有的职业技能等级标准无法跟上社会需要，影响高技能人才的成长。在调研中很多企业反映，一线技术工人技能等级已经达到高级工以上水平，但由于评价工作没有及时跟上，不能被认定相应的职业资格，其能力和才干没有得到应有的体现。最后是技术工种和熟练工种评比的不平衡问题。当前高技能人才的评选更多倾向于技术工种，熟练工种较少，导致熟练工种工人工作积极性、主动性和创造性受到影响。

6. 职业院校发展制度环境有待完善

发展职业教育是构建产业工人技能形成体系的基础，对发挥成都市人力和人才资源优势、推进产业工人队伍建设具有重要意义。但是通过对成都市主要职业技术院校调研发现，由于传统的教育理念根深蒂固，相对于普教和高教，政府对职业教育资金投入较少，在职业教育投入中又更偏向于公办职业院校，民办职业院校获得的投入较少，不同类型的职业院校发展良莠不齐。除此以外，职业教育存在多头管理、政府职能交叉，各方对职业教育的管理职责不协调的状况。例如，教育部门和一些行业协会管理普通中专、成人中专、职业学校、民办职业学校的部门就存在一定的交叉和重复；劳动部门管理技工学校，负责职业技能鉴定和城乡劳动力就业培训工作；农业部门负责农民科技培训；高等职业院校又分为省属和市属两类。条块分割式的管理体制，给职业教育统筹协调工作带来困难，容易出现管理分散、政出多头、无序竞争、资源浪费等问题，造成部门之间在发展职业教育方面的职责不清，既不利于区域职业教育统筹安排和规划，也不利于职业教育资源的综合利用。

三、培育评选“成都工匠”的总体思路

（一）“成都工匠”的定位

“成都工匠”主要是指在成都市制造业，尤其是在市委市政府确定的支柱

产业、优势产业、未来产业及其他产业中，从事技能性（含熟练工种）工作岗位，能够熟练掌握精湛高超的技术技艺，具备精益求精的工匠精神，擅长技术革新和技术攻关，且在本行业具有较高公认度和引领示范作用的高技能人才。

高技能人才是产业工人大军中熟练掌握精湛专业技能的“佼佼者”，是技术技能的重要传承者，是产业转型升级的重要推动者；而“成都工匠”是高技能人才队伍中的“拔尖者”，是引领行业发展的技术标兵，是推动技术革新和技术攻关的领军人才。换言之，一方面高技能人才是“成都工匠”的“后备军”，没有一支高技能人才队伍作为支撑，“成都工匠”的评选就会成为无源之水、无本之木；另一方面，选树“成都工匠”的目的在于以“选”促“树”，通过树立先进典型，健全其待遇保障，可以有效激发广大职工钻研技术的热情和创造力，从源头上培养更多的高技能人才，为“成都工匠”的评选提供更坚实的人才支撑。

（二）“成都工匠”的功能

“成都工匠”不仅要具有高超的技艺和精湛的技能，而且还要发挥起思想引领、行业示范、人才培养和技术创新的作用。

1. 思想引领

“成都工匠”不仅是娴熟技能和先进技术的引领者，还要用正确的世界观、人生观、价值观引领产业工人，大力弘扬以精业和敬业为核心的工匠精神、劳动精神，树立辛勤劳动、诚实劳动、创造性劳动的理念，营造尊重劳动、尊重技术、尊重创新的氛围，凸显高技能产业工人在成都经济社会发展中的主体作用，形成劳动光荣、技能宝贵、创造伟大的主流价值观。评选和培育“成都工匠”还要与成都的文化传承体系构建、世界文化名城建设有机结合起来，真正把工匠精神融入城市文化。

2. 行业示范

培育和评选“成都工匠”，培养是基础，评价是手段，核心在使用。“成都工匠”作为高技能人才中的领军人和带头人，应该充分发挥其在技能岗位的引领和示范作用。通过建立“成都工匠”高技能人才协会，开展同业交流，打通高技能人才的服务通道，让“成都工匠”不仅在其所属企业发挥作用，还应服务于整个行业和成都市。当有企业进行重大生产决策、组织重大技术革新和技术攻关项目时，可以组织相同领域的“成都工匠”通过技术服务、技术攻关、项目引进等多种方式发挥作用。此外还应借助于互联网技术更好地发挥“成都工匠”的示范作用，通过构建结构清晰、数据准确、动态管理的“成都工匠”数据库和技能传递与推广的网络平台，建立完善的高技能人才技术技能创新成果和绝技绝活价值实现及代际传承推广机制。

3. 人才培养

首先，“成都工匠”以“传帮带”“师带徒”等方式辐射带动一线产业工人迅速成长和高技能人才的培养，对企业在职员工进行技能传授和经验传递，为提升企业技术水平和增强产业竞争力提供持续有利的技能人才支撑。其次，让更多的“成都工匠”到技工院校担任指导教师，不受学历、教师资格证等条件限制，简化人事审核手续，应聘职业院校指导教师岗位。通过在全市各技工学校中设立“成都工匠”工作室，让“工匠精神”延伸至校园，与企业共同开发培训课程，实现技能培训课程设置与劳动者就业岗位要求的有效对接。

4. 技术创新

“成都工匠”要充分发挥其技术创新的示范引领作用，激发产业工人的学习动力，加强技术协作、技术培训、技术攻关、技术创新。用创新精神带领职工解决产品研发和生产技术中的难点问题、热点问题。通过“成都工匠”工作室建设，为“成都工匠”开展技术创新、技术传承搭建有效的平台，使其成为企业发展的“智力源”和“成果库”，成为凝聚创新力量的新载体、弘扬工匠精神的大平台、培育高端人才的孵化器。

（三）培育和评选“成都工匠”的基本原则

1. 贴近产业，服务发展

适应把握引领经济发展新常态，以深化供给侧结构性改革为主线，紧扣成都市支柱产业、优势产业和未来产业的发展需求，促进高技能人才队伍规模、质量、结构与产业发展相适应，提高全要素生产率，推动人力资源优势转化为人才优势和发展优势。

2. 深化改革，创新机制

坚持充分发挥市场配置人力资源的决定性作用和更好发挥政府职能，着力破除制约高技能人才发展的体制机制障碍和政策壁垒，加快构建产教融合、校企合作、工学一体的培养模式，充分调动行业、企业、职业教育培训机构的积极性，促进职业教育和继续教育协调发展，充分激发高技能人才的创造力。

3. 高端引领，整体提升

突出“高精尖缺”导向，以高技能人才队伍为重点，加快培养一批重点产业、重点行业、重点领域的“成都工匠”，充分发挥其在技术创新、攻坚克难、技艺传承等方面的作用，引领带动产业工人队伍素质的整体提升。

4. 技能导向，面向基层

坚持技能导向，注重业绩贡献，着重评选技艺精湛、擅长攻坚克难、为企业和社会创造作出贡献的技术工人；坚持面向基层，着重评选职工身边看得见、摸得着、信得过、学得到的先进人物，使评选“成都工匠”成为广大职工发现典型、学习典型的过程，成为广大职工自我教育、自我提高的载体。

四、“成都工匠”的培育机制构建

（一）“成都工匠”与既有评优体系的关系

多年来，为切实保障工人阶级的主人翁地位，充分激发广大职工投身生产实践的积极性和创造性，党和政府已经建立了一套较为成熟的荣誉评选和技能竞赛体系，成都市也建立了一些本地化的评优选优机制。

1. **成都市既有的评优体系**

经过梳理，成都市目前主要有成都市劳动模范、成都市五一劳动奖章、成都市技能标兵、成都市技术能手、成都市岗位能手、成都市能工巧匠、成都市好工人等荣誉称号，还有一些通过各级各类职业技能大赛产生的获奖称号。这些荣誉称号的授予单位包括市委市政府、市人社局、市总工会等不同层级、不同部门，在获奖条件、奖励待遇等方面也存在显著差异。

表 7.1　成都市技术工人现有的荣誉称号及奖励

荣誉称号	获奖条件	授予单位	奖励待遇
市劳动模范	爱岗敬业、勇于创新，作出突出贡献	市委市政府	一次性奖励 7000 元
市五一劳动奖章	市一类大赛第一名或国家、省级技能大赛前三名	市总工会	一次性奖励 5000 元；职业资格晋升一级
市技能标兵	一类大赛前三名	市总工会	第一名 8000 元，第二名 6000 元，第三名 4000 元；职业资格晋升一级
市技术能手	二类大赛第一名（由区县举办）	市人社局	奖励标准由区县自主决定；职业资格晋升一级
高技能人才	每年遴选 10 名	市人社局	30 万元
大赛冠亚季军	市级大赛前三名	市人社局	第一名 2 万，第二名 1.6 万，第三名 1.2 万；晋升高级技师

2. **“成都工匠”与既有评优体系的关系**

如表 7.1 所示，成都市技术工人现有多种荣誉称号，为一线职工充分展示才华提供了多元化平台，但也应看到，这些荣誉称号的配套奖励机制还不够健全，突出体现在“重精神嘉奖、轻物质待遇”。以成都市劳动模范为例，该称号由市委市政府授予，在同级荣誉中具有较高含金量，但与之配套的奖励措施，仅有几千元的一次性奖励和每年一次的免费疗休养等礼遇服务。显然，这样的奖励力度难以匹配劳动模范的政治社会地位，自然也就难以达到激励职工投身生产、钻研技术的预期目标。其他荣誉虽然也有一些物质奖励，但缺乏激励的持续性，常常是奖励过后，在工作场域和公共场合难以给荣誉获得者实实在在的待遇，因此一些荣誉和称号的激励效用和引领效应就难以实现。

“成都工匠”作为一项顶层设计的制度产物，应着力在“立”和“破”上有所创新，从而建构起一整套激励体系。所谓“立”，主要是立足成都产业发展实际，立足建设国家中心城市的时代机遇，立足成都市产业工人队伍建设现状，以“成都工匠”为抓手，通过选树一批扎根成都大地的高技能人才，既为成都市产业发展战略的实现提供强有力的技能人才支撑，也为成都市产业工人队伍素质的整体提升培养一大批行业领军人才。所谓“破”，即让“成都工匠”成为一个具有时代印记、打破现有束缚、体现良好导向的全新荣誉称号，这就需要克服既有选优评优体系中存在的“重精神、轻物质”“重个人、轻团队”“重资历、轻创新”“重配额，轻公平”的制度缺陷，从而建构起一整套符合实际、着眼长远、相对完善、公平合理、含金量较高的技能人才评优制度，并用“成都工匠”统领现有的一些技能类荣誉称号。

鉴于此，“成都工匠”的评选，应充分借鉴现有评优体系的优点，有针对性地汲取各类荣誉称号中做得比较成功的地方，健全物质与精神并重的激励机制，着重围绕荣誉称号授予、一次性奖励、工匠津贴、技术晋级、政策扶持、礼遇服务等方面建立一整套系统化的奖励体系，持续提升这一荣誉的含金量，让“成都工匠”的荣誉获得者不仅感到有足够“面子”，还要有许多“里子”，进而产生强烈的、持续的、可传播的社会获得感。通过全方位、大力度、长期性的强刺激，叫响做实“成都工匠”，逐步在全社会树立起“技术亦可改变命运”的模范效应，吸引更多年轻人投身技术岗位，从根本上扭转技术工人不受尊重的舆论倾向。

（二）“成都工匠”与既有评优体系的衔接

1. 在荣誉称号、公共服务方面，与市级劳动模范衔接

为充分彰显“成都工匠”的社会地位和引领作用，由市委市政府召开表彰大会授予荣誉称号、颁发荣誉证书，其荣誉级别不低于成都市劳动模范；根据《成都市劳动模范评选管理办法》，“成都工匠”享受与市级劳动模范同等的公共服务，在疗养休养、免费体检、住房保障、子女入学、大病补贴、研修深造等方面给予政策支持；优先推荐“成都工匠”成为四川省劳动模范和全国劳动模范的候选人。

2. 在技术晋级方面，与市级一类职业技能大赛衔接

根据《国家职业标准制定技术规程》规定，技术工人的等级分为初级工、中级工、高级工、技师和高级技师，但该通道单一、狭窄，且晋升时间周期长，已成为产业工人队伍素质提升的主要瓶颈。为有效激发广大职工参与“成都工匠”评选的积极性，打通技术工人的晋升通道，根据《成都市人力资源和社会保障局等七部门关于举办技能竞赛的通知》，凡被授予“成都工匠”称号的技术工人，经市人力资源和社会保障局审核、省人力资源和社会保障厅审定，可在原职业资格基础上晋升一级。

3. 在奖励补贴方面，与市级现有标准衔接

一是参照成都百万职工技能大赛的奖励标准，给予一次性现金补贴，奖励补贴应随经济发展水平动态上浮。二是“成都工匠”每月享受一定数额的工匠津贴。三是鼓励企业为“成都工匠”支付配套津贴，将其工资待遇纳入集体协商框架，适当提高津贴标准。短期来看，这必然会增加企业的用工成本，挤压其利润空间，但长期来看，通过提升“成都工匠”的工资待遇，可以树立“技术改变命运”的示范效应，充分激发广大职工潜心一线、钻研技术的定力和创造力，从根本上有利于企业的可持续发展。以成飞为例，成飞集团设立首席技能专家（14 人）和特级技能专家（26 人），并给予每月5000元和3000 元的津贴补助。实践证明，通过这种大力度的物质奖励，高技能人才尝到了“甜头”，普通职工就看到了“奔头”，企业则赢得了广大职工的认可，最终实现企业与职工利益的和谐共生。

4. 在政策扶持方面，与成都市劳模工作室、成都市技能大师工作室衔接

2013 年，成都市总工会开展“三室一制”建设，即劳模工作室、技师工作室、职工创新工作室和名师带徒制度。目前，全市工会各级工作室 480 家，由市级命名80 家，由省级命名14 家，由全国命名1 家。实践证明，工作室建设有利于整合有限的人才资源，实现技术攻关和技艺传承，带动职工技能素质的整体提升。为充分发挥“成都工匠”的示范作用，应成立“成都工匠”创新工作室，享受与成都市劳模工作室和成都市技能大师工作室同等的奖励扶持政策，使其成为解决生产技术难题的“攻关站”、推动企业技术革新的“孵化器”、培养高技能人才的“练兵场”。

（三）“成都工匠”的待遇保障

为了更好地让“成都工匠”发挥作用，需要进一步完善以政府奖励为导向，企业奖励为主体，辅以必要的社会奖励的高技能人才奖励体系，不断提升高技能人才经济待遇和社会地位。让踏实肯干、技术精湛的“成都工匠”在政治上有待遇、社会上有地位、经济上有实惠、职业上有保障。

1. 政治待遇

将“成都工匠”作为党员优先发展对象和优秀共产党员的推荐对象，以及推选市级党代表、人大代表、政协委员的优先考虑人选；提高“成都工匠”享受国务院政府特殊津贴人选的比例，将“成都工匠”评选表彰纳入党和国家统一的功勋荣誉表彰制度中，让“成都工匠”可以参照高层次人才有关政策享受休假、体检等方面的待遇；为提升“成都工匠”的社会知名度和影响力，可以建立“成都工匠”名人堂、工匠墙等，并制作宣传片、纪录片，在报刊、网络等媒体上进行广泛报道；通过举办“成都工匠”论坛和制作“成都工匠”主题图册，讲述工匠故事，展示工匠风采，营造弘扬工匠精神的浓厚社会氛围。

2. 经济待遇

在奖励与津贴方面，实行一次性奖励与工匠津贴相结合的奖励办法。“成都工匠”由市政府颁发证书，并给予一次性奖励；“成都工匠”每月享受一定金额的工匠津贴，由市财政拨付；鼓励企业为“成都工匠”发放一定数额的配套津贴（工匠津贴可计入企业成本在税前列支）；在薪酬方面，引导和鼓励企业为“成都工匠”的荣获者提职、提薪，实行年薪制和技术入股，对参加科技攻关和技术革新，并作出突出贡献的，可从成果转化所得收益中，通过奖金等多种形式给予相应奖励；在职业发展发面，建设一批高水平“成都工匠工作室”，每个工作室给予一定金额的资金支持；组织“成都工匠”到发达国家著名院校、企业参加培训，增加高技能人才出国学习交流的机会。

3. 公共服务

将“成都工匠”纳入“蓉漂人才”体系，享受同等的礼遇服务。向“成都工匠”颁发“成都工匠一卡通”，使其在创业扶持、住房医疗、子女入学、配偶就业等公共服务上享受一系列优惠政策待遇，如持有“成都工匠一卡通”的人才可优先入住专家公寓、优先享受优诊等系列服务，形成更具人性化的引育用留政策体系；建立“成都工匠”数据库，充分发挥市场对高技能人才资源配置的基础作用，打破阻碍高技能人才流动的体制障碍，既要维护用人单位在选择人才、聘用人才和确定工资待遇的自主权，又要保证高技能人才在选择用人单位、选择工作岗位、选择福利待遇等方面享有充分的自主性，通过市场调节，实现技能人才的需求与人才作用的充分发挥达到最佳结合。

（四）“成都工匠”的培育机制

如果把“成都工匠”比作参天大树，那么广大的一线工人就是为大树输送养分的肥沃土壤。只有大幅提升产业工人队伍的整体技能水平，持续优化高技能人才培育机制，才能造就成千上万的“成都工匠”“天府工匠”乃至“大国工匠”，才能引领“成都制造”的品质提升，助力国家中心城市战略的实现。

1. 加强统筹协调，理顺高技能人才培养体制

坚持党委统一领导，把高技能人才培养纳入地方经济社会发展规划。在市委市政府层面成立“成都市产业工人队伍建设改革领导小组”，负责统筹推进产业工人队伍建设和“成都工匠”选拔培养的顶层设计和整体安排。明确职责分工，形成各部门合力推进高技能人才培养的工作格局。应在市委的统一领导下，明确各部门、各主体的职责分工，形成分工明确、沟通顺畅、合力攻坚的领导体制，为高技能人才培养和“成都工匠”的评选培育工作提供坚强的组织保障。强化监督考核。将各地、各部门推进高技能人才培养工作的情况纳入政绩考核体系，充分激发各主体合力推进产业工人队伍建设和高技能人才培养的积极性主动性。

2. 整合职业教育培训资源，实现高技能人才的规模化、制度化生产

加强职业教育发展顶层设计，提升职业教育服务产业发展的能力。主动对接市委市政府确定的产业发展规划，调整优化职业院校布局结构，形成特色鲜明、优势互补的办学格局，切实保障职业院校在职工素质提升、高技能人才培养方面发挥主力军作用。优化职业培训机构发展的制度环境，实现公办培训机构与民办培训机构公平竞争、良性发展。公办培训机构要主动适应市场需求，及时调整人才培养目标、完善课程设置，充分发挥实训设备先进、师资队伍强大的优势，积极承办大规模、成建制的高技能人才培训；民办培训机构要发挥机制灵活、市场化程度高的优势，主动承接企业个性化的培训任务。推进产教融合、校企合作，实现高技能人才的订单式培养。推动教育链和产业链深度融合，引导职业院校与企业、行业共建高技能人才培养和技术创新平台，大力推广高技能人才订单式培养，实现职业院校人才供给与企业用人需求的有效匹配。扩大“成都工匠”传授技艺的覆盖面，鼓励职业院校聘请“成都工匠”作为实践导师并给予相应的授课津贴补贴。推进职业训练院和公共实训基地建设。依托成都市产业优势，打造一批以培养高技能人才为目标的职业训练院和公共实训基地，主要面向社会开展职业技能培训、技能鉴定和技能竞赛等服务，使之成为职业教育师资培训和“成都工匠”等高技能人才的培训基地。

3. 优化职业技能竞赛体系，建立“成都工匠”人才库

以成都市百万职工技能大赛为引领，整合现有的职业技能竞赛体系。构建政府高度重视、企业主动配合、职工积极参与、社会广泛关注的工作格局，形成一批主题明确、特色鲜明、影响广泛的市级示范竞赛项目，打造一批在全省乃至全国叫得响的品牌性技能大赛项目，使其成为培育高技能人才和“成都工匠”的重要平台。紧扣市委市政府产业发展规划和企业实际需求，调整技能竞赛的项目设置。定期开展成都市企业职工技能状况调查，摸清企业用工需求和职工技能操作水平，及时把新兴工种和企业急需的工种纳入比赛项目。根据各产业的实际用工需求，把支撑成都市产业发展规划的紧缺工种确定为百万职工技能大赛一类比赛项目。积极对接四川省和全国性职业技能大赛。在比赛组织、项目设置、表彰奖励等方面，积极借鉴其他先进经验，结合成都市的实际情况进行赛事创新，切实发挥技能竞赛在选拔高技能人才方面的主渠道作用。同时，要把成都市职业技能竞赛的获奖选手纳入重点培养对象，进行针对性的指导培训，作为参加更高级别赛事的后备人才。完善考核机制，确保竞赛取得实效。对企业自主开展的竞赛实行申报备案和过程跟踪，并引入第三方机构对竞赛活动的实际效果进行评估考核，将评估结果纳入各类评先争优的考核指标体系。

4. 拓宽技能人才晋升通道，突破产业工人发展瓶颈

改革人力资源管理“双轨制”，推动企业用工制度改革，实行统一的人力资源管理制度。这不仅有利于增强技术工人的社会认同感和职业自豪感，也必将进一步激发其创造活力，促进企业的技术革新和可持续发展。拆掉技术工人成长成才的“独木桥”，应在企业内部打通职业技能通道、专业技术通道、干部管理通道之间的壁垒，实现三通道之间的横向自由流动。对于具备高超技艺、善于技术攻关，能够给企业创造价值的技术工人，应给予其自主选择职业发展通道的充分自由，让一线职工切身感受到“做一名技术工人是有希望的”。搭建技术工人合理流动的“立交桥”，应完善子女入学和社会保险转移接续政策，健全公共就业服务体系，及时发布职业供求信息，最大限度降低技术工人正常流动的成本，为其搭建可以在成都市不同企业、不同行业之间自由流动的“立交桥”。

5. 完善产业工人技能评价机制，形成不拘一格定人才的新局面

健全职业技能多元化评价方式。应在政府指导下，赋予行业协会和骨干企业在开发职业标准和评价规范中的自主权，充分发挥其了解市场需求和引领行业标准的优势，支持企业结合岗位需求，自主开展技能人才评价，逐步形成以企业和行业协会为主体、各主体公平竞争的社会化技能评价方式，解除束缚技术工人成长成才的“紧箍咒”。改革完善技术工人的考核内容。调整技术工人的考核内容，重点考查技术工人的创新能力、实际操作能力、现场解决问题能力和业绩贡献，引导一线工人学技术、练技能、比贡献，营造“尊重技术、尊重创造”的社会氛围。建立高技能人才越级申报、破格提拔、技能等级直接认定等激励机制。对于支撑成都市产业发展的紧缺高技能人才或为企业、社会发展作出突出贡献的技术工人，不受户籍、地域、职业、工作年限、文化程度的限制，允许其越级申报，经相关机构鉴定审核后，颁发职业资格证书，并享受相关待遇。

6. 引导企业完善技能形成体系，实现高技能人才可持续培养

企业要加大高技能人才培养的资源投入。鼓励企业设立高技能人才特聘岗位，对引进的高技能人才给予原单位必要的培养补偿费用，保护企业花钱培养高技能人才的积极性，防止企业的“搭便车”行为，避免陷入“集体行动困境”。鼓励企业对聘用的高技能人才实行年薪制、股权制、期权制等收入分配方式。鼓励企业以工匠名字命名创新工作室。为其开展技术攻关、技术创新、破解创新难题提供更多资源支持。鼓励有条件的企业在产品、服务上备注工匠姓名，增强工匠的获得感和荣誉感。依托成都市职工技术协会，为获得“成都工匠”称号的职工搭建国际技术技能交流平台，促进其创新成果推广、转化、应用。创新协同培育模式，依托大型骨干企业，建设示范性高技能人才培训基地。孵化拔尖技能人才，为培育更多“成都工匠”奠定坚实的人才支持。在税收贷款、人才引进、工商年检、社会征信评定、先进表彰等方面给予政策优惠。从制度设计上调动企业参与培养高技能人才的积极性。

7. 持续提升农民工职业技能，为其融入城市创造有利条件

借助职业教育资源对农民工进行分类别、针对性培训。对即将进入城市的新生代农民工，通过订单、定向和定岗式培训，开展就业技能培训；对已经从业的农民工，依托职业教育资源和企业实际需求，开展岗位技能培训；对因节能减排、产能过剩而面临失业风险的农民工，开展转岗培训、技能提升培训和技能储备培训；对具备较高职业技能和发展潜力，具有较强职业发展需求和自主创新创业意愿的农民工，开展创新创业培训。加大对农民工职业技能提升的资源投入。整合政府部门、工会系统、行业协会及企业等相关主体，共同加大对农民工继续教育的投入；健全以政府和企业为主的成本分担机制构建；鼓励在农民工集中的代表性行业和企业，建设“农民工继续教育学习与实训中心”；工会要持续做好农民工职业技能素质提升培训服务工作，为考核合格的农民工颁发相应的职业资格证书，提升其在劳动力市场的竞争力。企业要为农民工提供均等的职业技能培训服务。企业要按规定足额提取职工教育培训经费，安排相当比例用于农民工继续教育，鼓励企业将农民工参加职业技能培训情况与个人薪酬、岗位晋升相结合。

8. 充分发挥成都产业优势，打造“互联网+高技能人才培养”新模式

建立数据准确、动态管理的产业工人队伍基础数据库。及时准确掌握成都市产业工人队伍的整体状况，了解一线职工的技能水平、培训需求及劳动力市场的供需状况，有针对性地进行分析判断，努力做到“用数据说话、用数据决策、用数据管理、用数据创新”。打造集师资队伍、教育内容、传播渠道和受众群体于一体的网络公共学习平台。利用信息技术构建3D动画模拟工艺实操的课程体系，提供工匠讲坛、实操案例、模拟实训等特色课程，满足产业工人在线学习的需求。探索“互联网+技能比武”新模式。引导企业积极开展网上练兵比武活动，开发包括闯关练兵、在线培训、在线考试、网上创新等模块的网上练兵平台，为职工提供技能提升的新渠道。通过“指尖上的互动”，实现职工切磋技艺的便利化，实现职工业余学习的“全天候”。建立“互联网+培训交流”模式。借助微信、微博等新媒体平台，为高技能人才提供交流经验、展示技能、提升素质、培训锻炼和研修深造的平台，探索跨单位、跨行业、跨系统的经验交流机制，让“成都工匠”拥有更高的境界、更宽的视野、更广的胸怀。

第八章

城乡一体：积极促进产业工人主体的现代化转型

随着我国经济社会结构的变化，我国的产业工人队伍结构已经发生了重要变化。近些年，我国农民工的数量呈逐年上涨趋势，在国家统计局最新发布的《农民工监测调查报告》中显示，2017 年农民工总量达到 28652 万人。2004 年，中共中央国务院《关于促进农民增加收入若干政策的意见》中指出，“进城就业的务工人员已经成为产业工人的重要组成部分，为城市创造了财富，提供了税收”。农民工群体是中国职工队伍中人数最多的群体，已成为我国产业工人的主体，是国家现代化建设的重要力量。新时期加强产业工人队伍建设，必须积极促进农民工这个产业工人主体的发展，充分发挥农民工在促进经济社会发展中的重要作用。

一、农民工群体的总体状况

（一）农民工概念的滞后性

1962 年 10 月 14 日公布的《国营企业使用临时工的暂行规定》中将所有在招用的临时工人称为“临时工”，这一概念并不分“城”“乡”。直到 1984 年 6 月 30 日公布的《矿山企业农民轮换工制度试行条例》首次将以农民身份从事工人工作的群体单独作为一种概念，之后在大量的行业中开始实行“农民轮换工”制度。1992 年以后，在各地还出现过“劳务工”的概念。农民工的概念最早出现在 1991 年 7 月 25 日发布的《全民所有制企业招用农民合同制工人的规定》，将农民工界定为农民合同制工人。1999 年 8 月 30 日公布实施的《中华人民共和国招标投标法》中第一次在法律中使用“农民工”概念，自此之后，“农民工”的概念出现在了大量法律法规和正式文件中，“农民工”这个概念逐渐在法律上得到了确认，并成为这一群体的正式称呼。[①] 学者对于农民工概念的界定也大多认同农民工在身份上都是农民这一内涵，只是在概念的外延上仍存在一些分歧。比如，在农民工的职业范围方面，是受雇于组织还是从事个体经营，是否以工资收入为主要收入来源，等等；在农民工工作的地域方面，是在城市工作还是在其他乡镇工作；等等。国家统计局对农民工的定义是指户籍仍在农村，在本地从事非农产业或外出从业六个月及以上的劳动者。由此可见，农民工的概念更多是从身份上的认定，由我国城乡二元户籍制度带来的二元体系造成，这意味着，如果打破了我国城乡的户籍制度，这个概念也会随着二元体系的解体而消散，需要随着时代的发展来充实和丰富其内涵。

（二）农民工群体的结构性特征

根据《2017 年农民工监测调查报告》有关数据显示，2017 年农民工总量中，外出农民工 17185 万人，比上年增加了 251 万人，增长 1.5%，增速较上年提高 1.2 个百分点；本地农民工 11467 万人，比上年增加 230 万人，增长 2.0%，增速仍快于外出农民工增速。从农民工的收入水平来看，农民工月均收入 3485 元，比上年增加 210 元，增长 6.4%，增速比上年回落 0.2 个百分点。从农民工的受教育程度来看，这个群体中未上过学的占 1%，小学文化程度占 13%，初中文化程度占 58.6%，高中文化程度占 17.1%，大专及以上文化程度占 10.3%。大专及以上文化程度农民工所占比重比上年提高 0.9 个百分点。从农民工接受技能培训的情况来看，他们中接受过农业或非农职业技能培训的农民工占 32.9%，与上年基本持平。其中，接受非农职业技能培训的占 30.6%，比上年下降 0.1 个百分点；接受农业技能培训的占 9.5%，比上年提高 0.8 个百分点；农业和非农职业技能培训都参加过的占 7.1%，比上年

① 魏卓．农民工融入城市的现状分析与政府作用研究［D］．北京大学，2013.

提高0.6个百分点。其中，本地农民工接受农业或非农职业技能培训的占30.6%，比上年提高0.2个百分点；外出农民工接受农业或非农职业技能培训的占35.5%，比上年下降0.1个百分点。另外，1980年及以后出生的新生代农民工逐渐成为农民工主体，占全国农民工总量的50.5%，比上年提高0.8个百分点；老一代农民工占全国农民工总量的49.5%。

新生代农民工的增加使农民工群体的结构特征发生了一系列变化，无论是从受教育程度还是从年龄结构，乃至接受技能培训的情况等，都发生了较大的转变。这部分群体也有较为鲜明的特征，新生代农民工外出务工的动机相较于上一代农民工而言，更多的是由改善生活向体验生活、追求梦想转变；他们的权益诉求，主要是由维护基本劳动权益向追求体面劳动和发展机会转变，维权意识也由个体式维权向群体式维权转变；他们自身的角色定位逐渐由亦工亦农向产业工人转变；他们对待城市的态度开始由过客逐渐向寻求长期稳定生活转变；他们对待生活的愿望由忽略精神情感向期盼满足幸福感转变。

二、农民工作为产业工人队伍主体的基本特征

（一）农民工已成为产业工人的主力军

产业工人的内涵从广义上讲，凡是“在中国境内的企业、事业单位、机关中以工资收入为主要生活来源的体力劳动者和脑力劳动者”，都可以纳入“工人阶级”的范畴。2017年初，中共中央、国务院印发了《新时期产业工人队伍建设改革方案》（以下简称《改革方案》），《改革方案》中指出，新时期产业工人主要是指在某一产业领域有着特定的工作岗位分工、从事集体劳动、以工资收入为主要生活来源的职工。改革开放初期，我国第一产业比重偏高，第三产业比重较低，绝大部分劳动力在第一产业就业。随着改革开放，

在党中央一系列政策作用下，我国经济结构发生了变化，国内生产总值规模在持续扩大的进程中，第一产业占比持续下降，第三产业占比快速上升，第二产业变化不大，但总规模增长很快。与此同时，我国的所有制结构逐步调整，社会结构也在悄然改变，就业结构也相应发生了深刻的变革，产业工人队伍在变革中沿着两个维度快速发展。一个维度是，国有企业和集体企业经过扩大企业自主权、实行两权分离、建立现代企业制度等国有资产管理体制改革，在“抓大放小”“主辅分离”“减员增效”等改革理念的主导下，我国的国企和集体企业数量和职工规模持续减少，截至2014年底，国有控股企业职工减少至4780万人，集体企业职工仅有510万人。另一个维度是，伴随着城乡二元经济社会结构壁垒的日益消解、社队企业和乡镇企业的兴起以及外资企业的进入，农村剩余劳动力从“离土不离乡”开始，到“离土又离乡”，再到“回不去的乡土”，逐步向城镇转移进入二、三产业，以至于形成了一个颇具中国特色的“农民工群体”，这其中直接在二、三产业就业的农民工有1.5亿人，再加上其他形式的就业，实际上具有农村户籍而在城镇或本地从事非农产业的农民工群体达到2.7亿人，成为我国产业工人的主体。[①]

（二）外出动机：由改善生活向体验生活、追求梦想转变

自20世纪90年代以来，农民工群体代际转换的趋势日益明显。2017年农民工监测调查报告显示，1980年及以后出生的新生代农民工逐渐成为农民工主体，占全国农民工总量的50.5%。由于新生代农民工数量的增加，使农民工群体的受教育程度、接受技能培训程度、务工目的等发生了转变。新生代农民工选择外出打工的动机由纯粹的经济性目的向谋求多元化发展转变。从国家统计局发布的《2017年农民工监测调查报告》的调查结果可以发现，

---

① 李珂，张善柱．论劳动关系状况对农民融入城市的制约［J］，中国劳动关系学院学报，2006(6)：26－30.

农民工的受教育程度显著提高。农民工中，未上过学的占1%，小学文化程度占13%，初中文化程度占58.6%，高中文化程度占17.1%，大专及以上占10.3%。大专及以上文化程度农民工所占比重比上年提高0.9个百分点。外出农民工中，大专及以上文化程度的占13.5%，比上年提高1.6个百分点。一些学者对农民的外出动机做过相关研究，罗霞、王春光认为，新生代农民工选择外出务工，除了和第一代农民工同样注重经济因素外，更把外出务工作为改变生活状态和人生道路的一种途径；[①] 王慧敏等人认为，对传统农民工而言，外出务工的原因主要是农业劳动收入边际效益递减的推力；但对新生代农民工而言，还有城市生活的拉力。[②] 总的来说，与老一代农民工以赚钱为目的相比，近年来新生代农民工外出动因逐渐呈现出多样化的态势，除了考虑经济效益，还考虑到生活方式结合个人发展前景等因素，逐渐地由单纯的只为了改善生活，向体验生活、追求梦想转变。

（三）权益诉求：由基本劳动权益向追求体面劳动和发展机会转变

农民工外出打工有着流动性强、收入低、职业安全性差等特点，但是由于新生代农民工的成长和增加，使他们的学历结构、年龄结构等都在发生转变，他们的价值追求也发生了较大改变，不再满足于在城市中“生存”下来，而是期盼着能够在城市中“生根”，并且也更加希望能像城市人一样体面劳动。较高的劳动收入、规律的工作时间、有保障的人身安全等构成了体面劳动的内涵。[③] 2017年农民工监测调查结果显示，农民工的月均收入3485元，比上年增加210元，增长6.4%。调查还显示，外出务工农民的月均收入要高于本地务工农民的月均收入632元，高20%，增速也比本地务工农民高0.2

---

① 罗霞，王春光．新生代农村流动人口的外出动因与行动选择［J］．浙江社会科学，2003（1）：109－113.

② 李珂．勾勒新生代农民工群体［J］．中国工人，2012（6）：4－11.

③ 李伶俐．体面劳动视域下新生代农民工劳动权益保护之法治近路［J］．信阳师范学院学报（哲学社会科学版），2018（6）.

个百分点。调查显示，进城农民工依靠政府和法律维权的意识在增强，在工作和生活中遇到困难时，向政府相关部门反映占32.7%，比上年提高2.6个百分点；通过法律途径解决占28.3%，比上年提高1.1个百分点。[①] 虽然，农民工群体在融入城市生活中仍然面临着一些突出的劳动权益保障问题，但由于近些年国家在对农民工权益保障方面出台的相关政策、工会等有关部门在劳动保障方面的努力以及农民工自身权益保护意识的提高，使农民工的权益诉求逐步由基本劳动权益向追求体面劳动和发展机会转变。追求体面劳动这一点在新生代农民工群体中表现尤为突出。新生代农民工有的成长在城市里，甚至出生于城市，所以他们对于工作和在城市中的发展有着更高的期待，因此也是促进农民工群体特征发生改变的主要推动者。

（四）角色认同：由亦工亦农向产业工人转变

农民工群体属于流动人口，大多会根据工期以及季节的变化变换着工人和农民的身份，由于户籍政策、自身素质等因素的限制，他们大多处于职业底层，从事着简单、艰辛的工作，环境较为恶劣，报酬也相对较低。不过，随着新生代农民工群体的比例越来越高，农民工渐渐地从各种社会排斥中突出重围，职业种类增多、职业地位和职业声望也有所提升。2017年农民工监测调查结果显示，从事第二产业的农民工比重为51.5%，比上年下降1.4个百分点。其中，从事制造业的农民工比重为29.9%，比上年下降0.6个百分点；从事建筑业的农民工比重为18.9%，比上年下降0.8个百分点。从事第三产业的农民工比重为48%，比上年提高1.3个百分点。其中，从事批发和零售业的农民工比重为12.3%，与上年持平；从事交通运输、仓储和邮政业，住宿和餐饮业，居民服务、修理和其他服务业的农民工比重分别为6.6%、

---

① 2017年农民工监测调查报告［R/OL］.（2018-04-27）［2018-09-30］. http：//www.stats.gov.cn/tjsj/zxfb/201804/t20180427_ 1596389.html.

6.2%和11.3%，分别比上年提高0.2个、0.3个、0.2个百分点。此外，农民工在金融业，教育，文化、体育和娱乐业等服务业的从业比重虽然较低，但占比在逐年提高。从调查结果来看，农民工的就业领域逐步多元化，且农民工在第三产业就业的人员数量在逐步提高。这表明，农民工群体逐步从农村转移到非农产业，逐步成为产业工人的重要组成部分。

（五）城市态度：由过客向长期稳定生活转变

农民工候鸟似的打工方式和亦工亦农的经历使他们产生了城市过客心理。曾有许多学者从心理学的角度去调查了解农民工在城市融入过程中对城市的态度。早期的一项研究显示，农民工对城市生活的态度与他们在城市生活各方面的满意度相关，他们对城市生活、社会文化环境等方面的满意度越高，其定居迁移的意愿也就越强，适应及融入城市的过程就越短。但满意度也与参照物有关，这个参照物主要指的是对比对象，对初次外出打工的人而言，他们对比的更多是在家务农的人群，而对外出时间较长的农民工而言，他们则将参照物从农村转移到了城市，由于参照物不同，所以满意的程度会有较大差异。前者决定其是否到城里打工，后者则影响其是否在城市定居。① 2003年，一项对北京农民工未来打算的调查表明，只有25.5%的被调查者明确表示有定居城市的意愿。② 2006年国家统计局在全国进行的城市农民工生活质量状况专项调查数据显示，55.14%的农民工设想未来在城市发展、定居。③章雨晴基于南京市284位农民工的调研结果显示，新生代农民工选择“习惯城市的生活方式，不愿再回落后的农村”的比例达到12.12%，而老一代农民工的这一比例只占4.17%。新生代农民工群体由于长期在城市生活、工作，

① 吴兴陆．农民工定居性迁移决策的影响因素实证研究［J］．人口与经济，2005（1）：5－10，43.

② 李强．影响中国城乡流动人口的推力与拉力因素分析［J］．中国社会科学，2003（1）：125－207.

③ 国家统计局课题组．城市农民生活质量状况调查报告［J］．调研世界，2007（1）：25－30.

其生活方式与行为习惯已经渐渐融入城市群体，虽然所从事工作的性质和类型仍然与城市居民有较大区别，但是从这些数字的变化可以看出，正是由于国家相关政策的颁布实施以及一代代农民工的打拼和努力，使这个群体对待城市的态度渐渐由过客向长期稳定生活转变，他们中的部分人已经逐步融入了城市生活中。

（六）维权意识：由个体式维权向群体式维权转变

近年来，农民工的维权意识和维权行为显著上升。2017 年农民工监测调查结果显示，农民工在工作和生活中遇到困难时，找工会、妇联和政府部门的占 7.8%，比上年提高 1.0 个百分点。当权益受损时，进城农民工选择解决途径依次是：与对方协商解决占 36.3%，比上年下降 0.5 个百分点；向政府相关部门反映占 32.7%，比上年提高 2.6 个百分点；通过法律途径解决占 28.3%，比上年提高 1.1 个百分点。[①] 另外，也有调查表明，新生代农民工维权能力增强，他们“拥有良好的互联网意识，擅长用法律手段来维护自身权益”。厦门市思明法院受理涉新生代农民工劳动纠纷案件 256 件，是劳动维权的主要类型。[②] 有些学者认为，农民工维权意识的提升主要出于三个原因：一是市场经济的影响。市场经济改革确立了个体的经济地位，唤醒了人的个体意识和主体意识，使人们越来越关注“权利”。二是国家法治化进程的推动。《中华人民共和国劳动法》以及《中华人民共和国劳动合同法》的实施，形成了有效的劳动者权利保护机制，也鼓励劳动者“以法律作为武器”来应对权益侵害，劳动者群体中也包含作为产业工人重要组成的农民工。三是新生代农民工群体的增加。有研究认为，“80 后”农民工被侵权或自己感觉被侵权的比例更高，并且他们对劳动相关法律规范也更为了解，也有更多维权的

① 2017 年农民工监测调查报告［R/OL］.（2018－04－27）.http：//www.stats.gov.cn/tjsj/zxfb/201804/t20180427_ 1596389.html.

② 金海燕.新生代民工维权意识强化值得期待［N］.企业家日报，2016－6－6（1）.

勇气。[①] 2010 年一项对珠三角农民工的调查结果显示，不公平感、相对剥夺感以及维权意识强于父辈的新生代农民工，无论是客观集体行动参与还是主观集体行动参与意愿均高于老一代农民工。[②]

（七）生活愿望：由忽略精神情感向期盼精神满足转变

对最早踏入城市的那批农民工来说，由于城乡二元结构造成的户籍制度以及入城打工后生活条件较差和工作待遇上的不公平、合法权益得不到保护等因素的存在，他们在城市中的生活更多是为了满足生存需求，打工挣钱改善农村的生活条件。相对于城市人，他们作为“外来者”，融入城市生活的过程是艰难的，并且也是被城市各种保障待遇所忽略的群体，他们对城市物质需求获得有较低的满足性，对不公平对待存在“过度容忍性”，这也源于他们这代人的成长经历中经过我国农村经济社会发展较为落后的年代，因此他们表现出的“能吃苦”和“高容忍度”使他们对于城市中艰苦生活的耐受性较强。[③] 然而，随着新生代农民工逐步成长起来，成为农民工群体中的主要构成后，他们对城市生活的追求发生了较大的改变，一部分群体期盼留在城市发展的勇气和决心进一步增强。2010 年 6 月，中华全国总工会新生代农民工问题课题组发布的《关于新生代农民工问题的研究报告》中显示，新生代农民工对外出生活的追求，从忽略向期盼精神、情感生活需求得到更好的满足转变。调查结果显示，传统农民工外出务工时年龄较大，大多已婚，他们为了实现增加收入的目标，不得不对情感精神生活采取忽略或无所谓的态度。而新生代农民工平均年龄为 23 岁左右，初次务工的年龄不足 18 岁，正处于婚恋期、思想彷徨期和情感高依赖期，他们更渴望在外出就业的同时，爱情能

---

① 秦阿琳．从维权到参与——农民工权利意识的演进［J］．求索，2014（09）．

② 熊易寒．新生代农民工的权利意识［J］．文化纵横，2012（1）：44－49．

③ 陈宇海．从“生存的满足”到“生活的要求”：代际变迁中的农民工［J］．青年探索，2008（1）：69－73．

够有所收获，思想可以交流，困扰能够倾诉。国家统计局的调研显示，2006年，在租赁房和自有房中居住的农民工只有20.1%；而2010年在新生代农民工中，住在租赁房和自买房中的比例已经上升到37.7%。2017年国家统计局农民工监测调查结果显示，人均居住面积有所提高，进城农民工人均居住面积为19.8平方米，比上年提高0.4平方米。他们的居住和生活设施也进一步改善，60.1%和58.4%的进城农民工户拥有电冰箱和洗衣机，分别比上年提高2.9个和3.0个百分点；87.0%的进城农民工户有自来水，比上年提高0.5个百分点；80.2%的进城农民工户有洗澡设施，比上年提高2.3个百分点；71.4%的进城农民工户有独用厕所，比上年提高1.8个百分点；89.6%的进城农民工户能上网（计算机或手机），比上年提高4.1个百分点；21.3%的进城农民工户拥有汽车（生活和经营用车），比上年提高2.7个百分点。① 这些数字从另一个侧面反映了农民工对城市生活的期盼和向往也在逐步得到满足。

三、农民工向现代产业工人转变的现实制约

在我国城乡二元经济体制的影响下，传统农民工一直处于“亦工亦农”的模糊身份定位，促进农民工这一产业工人主体发展，需要积极实现农民工向现代产业工人的身份转变，而这面临着城市公共服务制约、劳动关系制约、个人职业发展制约等方面的影响。

（一）公共服务的制约

政府要为社会公众提供基本的、在不同阶段具有不同标准的、最终达至均等的公共物品和公共服务，这是公共财政的基本目标之一。然而，公共服

① 2017年农民工监测调查报告［R/OL］.（2018－04－27）. http：//www.stats.gov.cn/tjsj/zxfb/201804/t20180427_1596389.html.

务的非均等化问题在我国表现得较为突出，主要表现在不同地区、不同群体之间在基础教育、公共医疗以及社会保障等方面公共服务的差距。城市儿童和农村儿童在教育资源获取方面存在较大的差距，公职人员和企业员工在社会保障上存在较大的差距，一个城市的不同区域之间的教育资源、医疗资源以及保障资源的不平衡、不均等现象突出。农民工群体作为城市的“外来者”，他们在融入城市的过程中同样面临着这些问题，如何能够在城市中让子女享受到与城市孩子均等的受教育机会，如何能够让自身在工作中的合法权益得到有效的保障，如何能够享受到与市民同等的医疗待遇，这些都是摆在他们面前的现实问题，也是制约他们融入城市的重要因素。近些年，农民工在城市中所能享受的公共服务条件已经得到较大改善，比如，农民工子弟学校的建立以及暂住人口就近登记入学等使农民工子女在没有城市户口的情况下也能够享受到城市的教育资源，《中华人民共和国劳动法》以及《中华人民共和国劳动合同法》的修订，更有针对性地保护了农民工的各项权益。但是，相较于城市人口来说，大部分的农民工在公共服务方面仍然受到各种差别性待遇。

（二）劳动关系状况的制约

劳动关系是指在实现劳动的过程中劳动者与劳动力使用者所结成的一种社会经济关系，是社会生产过程中生产资料与劳动者结合的具体表现形式。劳动关系所具有的直接性、普遍性、具体性和本质性的特征决定了劳动关系是人类社会最基本的社会关系。所以劳动关系状况直接影响到农民进入城市之后的其他社会关系，也决定了他们的融入程度。农民工的劳动关系状况可从劳动报酬、劳动时间、劳动安全、社会保障、二元劳动关系这五个基本维度来考量。基于笔者早期的调研，在劳动报酬方面，主要表现在收入较低、存在工资拖欠情况以及收入增长缓慢三个方面。由于农民工所从事工作主要在第二产业，以建筑和制造业为主，虽然近些年从事第三产业工作的农民工也略有增加，但是他们从事的也大多是体力劳动或服务支撑工作，因此他们的收入水平并不高，并且工资拖欠的情况也仍然难以避免。例如，在劳动时间方面，主要表现为劳动时间过长。2002—2003 年，清华社会学系李强教授及其研究生关于北京的农民工抽样调查结果显示，北京农民工每周工作 7 天，劳动时间平均每天在 10 个小时以上，最长有时达到 24 个小时。钱泽森等人基于 2011—2015 年 29 省农民工家庭调查的结果显示，从 2011—2015 年，农民工平均每周工作时间从 6.0 天下降到 5.8 天，平均每个工作日劳动时间从 9.3 个小时下降到 9.1 个小时，呈现递减趋势①。平均数虽然略有下降，但是不排除有些地区、有些企业仍然让农民工超负荷工作。

（三）个人职业发展的制约

在城市想要良好生活，需要收入不错且稳定的工作、具有发展性的职业前景，这是农民工能够在城市扎根的基础。从 2017 年农民工监测调查的结果来看，进城农民工大多在二、三产业工作，这些工作也大多属于收入较低、流动性较大的工作类型，因此，从个人职业发展上来看，对农民工融入城市形成了制约。而造成他们职业发展瓶颈的因素包括二元户籍制度、受教育程度等。另外，还有调查显示，新生代农民工中 54.9% 在地级以上大中城市务工，与老一代农民工（26%）相比，新生代农民工更偏好在大中城市务工。新生代农民工中，39% 从事制造业，14.5% 从事建筑业，10.1% 从事批发和零售业，10% 从事居民服务和其他服务业。② 但多数的新生代农民工在城市的工作是不稳定的，还有另外一个原因，那就是他们的追求相较于传统农民工更多元，要求更高，比如，他们偏向于劳动环境和就业条件更好的行业，希

① 钱泽森．农民工的城市融入：现状、变化趋势与影响因素［J］．农业经济问题，2018（6）：74－86.

② 中华全国总工会．新生代农民工问题课题组：关于新生代农民工问题的研究报告［EB/OL］（2010－06－21）．http：//www.chinanews.com/gn/news/2010/06－21/2353233.html.

望赚得更多，累得更少等，所以他们在同类型的企业间流动也比较频繁。①

四、农民工向现代产业工人转变的路径依赖

农民工群体是中国职工队伍中人数最多的群体，目前已经成了我国产业工人的主体，是国家现代化建设的重要力量。新时期加强产业工人队伍建设，必须积极促进农民工这个产业工人主体的发展，带动我国产业工人整体素质的提升。但是，由于历史的原因，我国农民工文化素质相对较低，在进入工厂之前多数未接触完善的技术培训，因此在企业中从事的多是劳动密集型工作。同时，由于城乡二元结构的影响，农民工在留城意愿和融入城市实际情况上存在较大差异。这些因素都使农民工与现代产业工人在工作、生活等方面存在差距，需要多举措多路径促进农民工向现代产业工人转变。

（一）加大农民工职业培训力度

应深化职业教育体制改革，注重应用型人才的培养。职业教育是培养既掌握精湛专业技能，同时又具备高尚职业道德的高层次、复合型技能人才的主要路径。我国应该切实落实《现代职业教育体系建设规划》中关于高等职业教育发展的顶层设计，深化高等职业教育改革，增加资源投入，积极引导行业组织、企业、专门机构等社会力量参与举办职业教育，为职业教育提供公平竞争、良性发展的社会环境，加快职业教育发展步伐。同时，要进一步理顺高等教育和高等职业教育的关系，延伸职业教育链条，针对不同层次的人才提供更为多样化的培训内容和培训方式。可通过订单、定向和定岗培训，对农村未升学的初高中毕业生等新生代农民工开展就业技能培训。对已经从业的农民工群体，紧密结合农民工的培训需求，依托职业教育资源和企业实

① 李爱．新生代农民工的城市状况及有效融合研究［J］．山东工商学院学报，2018（4）：107－115.

际需求，引导企业为实施主体，开展有针对性的技能培训，尽快把农民工培养成符合产业转型升级要求的现代产业工人。

（二）完善促进农民工就业政策

应进一步促进农民工相关政策的出台以及已有政策的落实落地。首先，要加大支持农民创业、就业的政策力度，如加大对劳动法律法规执行情况的督查力度，切实保障农民工的就业权益，以税收减免或简化流程等方式加大对农民工创新创业的支持力度等，扩大对农民工社会保障的覆盖面。其次，要加强对农民工生活方面的保障。通过修建“民工公寓”或者“员工之家”等方式切实改善农民工在城市中的居住条件，缓解其住房压力和经济压力。完善农民工子女受教育政策，为农民工子弟在城市中的入学提供便利条件，减少因为户籍门槛造成的教育资源分配不均。最后，要完善农民工的利益表达机制。通过政策宣传提升农民工的维权意识，畅通农民工的利益表达渠道等。

（三）规范对农民工的用工管理

应通过用工管理的规范，促进劳务用工市场的良性发展。对农民工较为聚集的建筑业以及服务业等加强用工合同文本管理和督查。在推动用工实名制方面，一些省份已经有了很好的尝试，如河南省住房和城乡建设厅印发了《关于在全省建筑房屋和市政工程建设领域推行劳务用工实名制管理的通知》（以下简称《通知》），《通知》要求，建设单位应在招标文件和工程施工、监理合同中明确实施实名制管理，并将所需费用列入工程安全文明措施费，检查督促施工企业按规定实施。《通知》还要求，各类建筑劳务实名制的纸质或电子档案管理台账须保存至工程竣工且工资全部结清后两年，采集的信息用于监管，作为处理经费或审核企业差异化缴存工资保障金的依据。由此可见，用工信息的电子化和网络化有利于规范农民工的用工管理和监督，是保障农民工权益的有效途径。

（四）持续推进公共服务均等化

新型城镇化的核心是人的城镇化，关键是提高城镇化质量。随着新型城镇化的有力推进，将有数以亿计的农民进入城镇工作生活，这是我国社会结构变迁和社会转型的必然趋势，也是实现我国现代化目标的必然要求。在这一进程中，农民工群体无疑是最具活力、最有基础的生力军，也是产业工人队伍的主要组成部分。在农民工融入城镇的过程中，从微观上看，农民工自身将在个人就业、生活模式、思维方式、身份认同等实现现代性转变；从宏观上看，他们将对城市的就业、医疗、教育、社会保障等公共服务提出新的要求。党的十八大以来，各级党委、政府在全面深化改革中，加强顶层设计，积极消除不利于城镇化发展的体制障碍和政策壁垒，在促进就业、增长收入、完善保障等方面，消除对农民工的歧视，不断提升公共服务均等化水平，打通政策落地的“最后一公里”，促进农民工真正融入城市。在新时代背景下，推进产业工人队伍建设改革，应进一步深化改革，加大社会政策的协同力度，持续提升公共服务均等化水平，调动政府部门、职业培训机构、学校、工会、社区等多方积极性，为促进农民工融入城市创造良好的制度环境和政策保障。

第九章

党工共建：筑牢高素质产业工人队伍的思想基础

《新时期产业工人队伍建设改革方案》指出，新时期产业工人队伍建设要坚持党的领导，把握正确方向，并要加强和改进产业工人队伍思想政治建设。党的十九大报告明确指出要“扩大基层党组织覆盖面，着力解决一些基层党组织弱化、虚化、边缘化问题”。这既表明了加强基层党组织建设的必要性，也阐释扩大基层党组织覆盖面的着力点，并提出了通过党建带工建、党工共建促进产业工人队伍建设的基本思路。我国现在已经形成了国有企业、民营企业等多种经济形式共同发展的经济结构。新时期推进产业工人队伍建设，要积极发挥国有企业、民营企业等党组织建设的作用，做强企业党组织建设，强化产业工人队伍建设思想意识引领。

习近平总书记在全国国有企业党的建设工作会议上深刻指出：“坚持党的领导、加强党的建设，是我国国有企业的光荣传统，是国有企业的‘根’和‘魂’，是我国国有企业的独特优势。”国有企业是中国特色社会主义的重要物质基础和政治基础，是我们党执政兴国的重要支柱和依靠力量。国企基层党组织则是国企党组织建设和管理的最基本单位，是全部工作和战斗力的基础所在。党的十九大报告明确指出要“扩大基层党组织覆盖面，着力解决一些基层党组织弱化、虚化、边缘化问题”。这既表明了加强基层党组织建设的必要性，也阐释了扩大基层党组织覆盖面的着力点。随着社会主义市场经济的蓬勃发展，民营企业在经济发展中发挥越来越重要的作用，加强民营企业党建工作尤为迫切和必要。中国工会是党领导下的政治组织，发挥着党联系人民群众的桥梁和纽带作用，是国家政权的重要支柱。企业基层工会更是承担着引导职工群众听党话、跟党走的政治任务，应把职工群众最广泛、最紧密地团结在党的周围。

随着经济发展和所有制结构的变化，当前我国企业结构、职工队伍构成等都发生了深刻变革，也给新形势下党的群团工作带来了新的机遇和挑战。企业作为产业工人队伍建设的利益相关者和主要参与者，要积极利用党建带工建的管理优势，与时俱进，加强思想意识引领，创新工作机制，积极促进企业发展和职工素质提升。

一、企业基层党组织面临的形势任务

（一）全面从严治党提出新要求

全面从严治党是推进党的建设新的伟大工程的必然要求，是“四个全面”战略布局的重要内容。因此，全面从严治党对基层党组织的要求也与时俱进。

近年来，随着改革开放事业的深入推进，党中央从坚持和发展中国特色社会主义和巩固党的执政基础、执政地位的高度对基层党组织工作提出了新要求，做出了新部署。2012 年，党的十八大报告中提出，要“发挥基层各类组织协同作用，实现政府管理和基层民主有机结合”，尤其强调“党的基层组织是团结带领群众贯彻党的理论和路线方针、落实党的任务的战斗堡垒。以服务群众、做群众工作为主要任务，加强基层服务型党组织建设”。在创新社会管理方面指出“加强基层社会管理和服务体系建设”，2013 年党的十八届三中全会通过的《中共中央关于全面深化改革若干重大问题的决定》明确提出，要“创新基层党建工作，健全党的基层组织体系，充分发挥基层党组织的战斗堡垒作用”。2015 年 3 月，《中共中央国务院关于构建和谐劳动关系的意见》提出，要“加强企业党组织和基层工会、团组织、企业代表组织建设”。2015 年 7 月，党的群团工作会议召开，《中共中央关于加强和改进党的群团工作的意见》强调，“必须加强和改进党的群团工作，全心全意依靠工人阶级和广大人民群众，最大限度把人民群众团结在党的周围，夯实党执政治国的群众基础”。

基层党组织工作作为企业发展战略中的重要组成部分，对企业的发展起着至关重要的作用。新形势下，夯实基层党组织有利于增强企业自身的综合竞争力，强化企业的责任和使命感。这就要求基层党组织的领导班子必须有强烈的事业心和政治责任感，清正廉洁，勇于开拓，积极进取，精通生产经营和管理，推动企业稳定改革发展；这就要求党员充分发挥先锋模范作用，在岗位上、工作中，都成为职工队伍中的核心力量和中坚力量，在实际生产实践中充分体现党的先进性，增强企业基层党组织的战斗力；这就要求党员干部充分重视改革发展中遇到的难题，坚持在党组织活动中解决问题，围绕服务生产、服务职工开展主题实践活动，建立与生产同布置、同检查、同考核的评价体系，使党建工作成为企业价值工程链条上的重要一环，成为推动企业发展的内生动力。

（二）国企改革加速利益分化

中华人民共和国成立以后，随着社会主义制度的确立，国家在一段时期内消灭了私有制，也取消了雇佣关系，并通过指令式计划完成资源配置和福利分配，职工的主人翁地位不仅在政治上得到明确，而且在计划经济体制内予以具体体现。随着改革开放的推进，合同制用工形式又逐渐突破制度樊篱，在社会主义市场经济体制中得到承认和发展。这样一来，在非公企业开始以合同制聘用企业员工的同时，国有企业也逐步通过合同制聘用新职工，社会主义劳动力市场得到了快速发展。2008 年 1 月 1 日施行的《劳动合同法》从法理上明确了我国只实行一种用工制度——劳动合同制，这标志着我国市场化劳动关系的全面确立。市场化劳动关系对企业职工队伍产生了深刻影响，企业在招聘用工、人事管理、绩效考核、福利待遇等方面都须遵照劳动合同法的有关要求，劳动关系的日常运行则通过市场化途径来实现。

（三）劳动关系复杂，职工诉求日益多元

随着经济社会不断发展，我国劳动关系问题日益复杂，广大职工群众需

求日益增长，这需要广大职工通过自己的努力来维持和改善生活，这样一来，职工对自身职业待遇的期待就会强烈许多，更多会从自身需求的满足程度来评价企业工作。近年来，随着供给侧结构性改革的逐步深入，在“三去一降一补”的转型过程中，企业内部重组、分配制度、劳动关系、人事管理等也都发生了深刻的变化，一些企业与普通职工之间的矛盾随之产生，甚至发生了一些具有一定破坏性的个体事件或群体性事件，企业改革中的利益调整成为劳动纠纷的新焦点。

二、企业工会的体制特点

企业工会工作具有鲜明的政治导向。群团工作历来是我党的重要工作，其对团结群体，提高集体凝聚力，提升工作效率有着十分重要的作用，对企业职工思想认识和精神生活等肩负着十分关键的引导作用。而这种引导作用的发挥必须与上级政策要求和相关会议精神等相吻合。这也就意味着企业工会组织在运行中往往带有较为明显的群团色彩。

企业工会具有良好的民主管理传统。民主管理是我党历来坚持的组织机构运行原则，企业职工大会作为企业职工切身利益的维护者，其每一项决策和行动都将对企业内部每一位员工的利益产生影响，因此，企业工会应该更加注重对民主管理基本原则的贯彻和落实。工会的每一项决策都需要经过职工大会进行讨论和公投，充分发挥民主精神，提高管理工作的正确性和民意基础。①

企业工会工作机制日益多元。改革开放以来，我国传统经济体制被打破，企业的改革、改制和改组不断深化，使公有制经济本身在实现形式上也出现了多样化模式。一方面，体制改变的同时我国的劳动用工、劳动分配、劳动

① 周颖．新形势下国企工会的责任与使命［J］．商业故事，2016（15）．

纠纷直至劳资矛盾都呈现出前所未有的丰富性和复杂性，职工政治、经济和精神文化方面的需求也日益多样化。另一方面，随着企业改制的深入发展，企业集团工会显著增加，将影响甚至改变现有的基层工会工作格局。此外，工会的工作方式也随之发生了变化，由以往单调的、大一统的、行政化的工作方式转变为有针对性、灵活性、特色性、多样性和群众性的工作方式。不同行业的工会在突出维护职能的前提下，根据各自的特点确立了不同的工作重点，从实际需要出发组织和开展活动，形成各具特色的工作局面①。

企业工会工作专业化程度持续提升。随着社会主义市场经济的发展，工会工作的性质发生了很大变化。一方面，工会工作的重点转向维护；另一方面，工会工作的面进一步拓宽。工会在开展各项具体业务工作时需要掌握和运用的专业知识，无论是在深度还是广度上都比过去大得多。根据形势发展的需要和党组织的要求，近年来工会开拓了许多新的工作领域，这些工作深受职工群众欢迎，但同时也反映出来工会工作不单单是做好服务工作，涉及工作内容的专业化要求也在不断增强。因此，工会要完成时代赋予的光荣而又繁重的任务，必须首先强化自身。②

三、企业党工共建的实践路径

（一）统筹企业党建工建

加强对工会的领导，是党巩固执政地位的必然选择；工会自觉接受党的领导，是工会的基本使命。党建和工建从根本上看是一致的，应该以党的建设促进工会建设。各级党组织应加强对工会的组织领导，并给予实质性的政策支持和资源支持，为工会职责的履行创造更为有利的环境。企业工会做好工会工

① 李臻．论未来工会工作的发展趋势［J］．工会理论与实践，2000（2）．

② 李臻．论未来工会工作的发展趋势［J］．工会理论与实践，2000（2）．

作就是扩大党的群众工作覆盖面，就是巩固党的执政地位，就是增强党的凝聚力。通过党建与工建的相互促进，相辅相成，实现党领导工会、工会组织引导广大职工的格局，进而确保职工投身建设、坚定不移跟党走的方针得以落实。

（二）突出基层党组织的政治功能

落实新发展理念，要充分发挥基层党组织的领导核心和政治核心作用，始终坚持以经济建设为中心，更加自觉地在经济领域为党工作，更加自觉地维护“核心”、服务“中心”；要牢牢把握“核心”与“中心”的辩证关系，科学处理“核心”与“中心”在企业管理中的关系。

1. 组织生活要保持常态

首先，要做好顶层设计，做到“双向进入、交叉任职”，党委书记原则上担任董事长，总经理原则上担任党委副书记，强化党建意识，落实工作责任，促进党建工作和中心工作通盘考虑、同步实施。其次，要从企业内部的实际情况入手，对基层党组织的设置模式进行完善，落实“四同步”要求，确保基层党组织的健全。例如，在一些大中型科研试验现场，可以以成立临时党组部的形式，把不同部门的党员组织起来，发挥先锋模范作用，形成战斗堡垒，攻坚克难，完成承担的各项外场科研试验任务。最后，要结合企业生产经营管理实际，确立党的工作目标、工作要求和工作措施，在活动中加强党的组织建设。深入开展“两学一做”学习教育，严肃“三会一课”等党内政治生活，深化学习型、服务型、创新型党组织建设，开展富有吸引力、感召力的党组织活动。

2. 职能发挥常在状态

保证企业基层党组织职能常态化，离不开将党组织纳入企业整体的制度化建设。首先，要明确党的领导；要明确党组织、董事会和管理层的工作机制，党组织既要“把方向、管大局、保落实”，又要充分发挥董事会、管理层的积极性，正常履行职责，坚决避免以党代政，包办代替，不自觉地伤害现代企业制度下的良好企业管理实践。其次，要坚持民主集中制原则，党组织在“三重一大”等重大问题上要发挥牵头抓总和把关定方向作用，在“重大项目、重要事项、重要干部任免和大额资金使用”方面坚守政策、坚持原则，明晰程序、明确要求，切实维护好企业的根本利益。最后，要督促内控制度建设，完善绩效评价机制，加大审计监察，全方位、多角度、多层次地制定风险防范措施，完善内控制度，形成信任和监督、放手和约束并重的良好工作局面。

3. 人文关怀调整心态

基层党组织要做到对员工的人文关怀，就要做到将党建工作与企业文化相结合。让党的活动内容和活动载体转变为强调破解发展难题、实现科技进步、加强现代企业管理等方面，可借助各类竞赛比赛、企业先进典型选树等载体，寓教于乐，寓教于管理和各种健康有益的活动之中，充分调动企业员工的主动性、积极性和创造性，增强“认同感”“归属感”，弘扬主人翁责任感。

（三）激发基层工会的活力

1. 职工合法权益的捍卫者

保持职工队伍稳定是工会的一项重要职责，“维权”与“维稳”是工会必须面对的问题。从实践来看，一些工会仅忙于抓各类维稳措施的落实，结果导致工会乃至企业党政与职工的关系愈加紧张，不仅不能有效保持职工队伍稳定，还一定程度上激发了矛盾。其实，近些年一些职工不稳定事件的发生，都是因为职工的切身利益受到侵害而又未能得到及时有效的处置而逐步引发的。维稳是目标，维权是手段。只要工会将工作的重心放在维护广大职工合法权益上，采取疏导的策略，就能够从根本上减少职工队伍的不稳定因素，进而有利于保持职工队伍的稳定。

在计划经济体制下，提高居民消费能力依靠政府的计划或指令，但在市场经济体制下，分配机制已经发生了根本性变化，政府在控制工资增长机制方面已很有局限。在企业内部，职工收入、福利等合法利益实现和维护需要靠职工的代言人和维护人——工会来实现。经济利益是广大普通劳动者最关心、最直接、最现实的利益，工会就应该以职工的经济利益这一核心利益为出发点，在收入分配领域发挥不可替代的“利益诉求渠道”的作用，为职工建言献策、帮助职工共享企业发展成果。

2. 职工嘘寒问暖的关爱者

促进企业发展也是工会的基本使命，工会促进企业发展的比较优势和具体途径是什么？一些工会领导认为，听党政话、配合党政搞好经营就是促进企业发展的具体途径，这些认识一般都是工会依附性的具体体现，并没有抓住主要矛盾。工会作为群众组织，其显著优势就体现在职工群众身上，只要工会在职工群众中具有较高威信，能够将广大职工凝聚在自身周围跟党走，团结带领职工投身于企业发展建设，这就是促进企业发展的最好体现了。所以，工会促进企业发展的最大贡献就是以职工为本，积极发展和维护职工合法权益，让广大职工安心工作、愉快工作，不断提高职工对企业的忠诚度和满意度，进而引领职工不断焕发工作热情，营造积极向上的企业文化，由此，为企业发展作出贡献、筑牢党的执政基础也就是水到渠成的了。

3. 职工参与管理的表达者

中国特色社会主义工会发展道路是中国特色社会主义道路的重要组成部分。新形势下，工会应积极加强和改进工会自身建设，创新职工群众工作，倡导辛勤劳动、诚实劳动、创造性劳动，切实维护职工合法权益，使广大职工的主人翁地位得到充分保障，打造深受职工群众信赖的“职工之家”，使工会组织的凝聚力影响力显著增强，为做好国企党建工作再立新功。

4. 团结教育职工的组织者

工会要做好团结教育职工的工作，按照中央的统一部署，积极推动党的全心全意依靠工人阶级的指导方针在企业中贯彻落实。结合企业实际，引导广大职工积极开展合理化建议、技术革新、技术协作、发明创造等活动。让企业依靠职工，让职工推动企业发展，积极开展重点工程建设立功竞赛、企业挖潜增效竞赛，调动职工的自主性，让职工真正体会到个人荣誉与企业荣誉、个人发展与企业发展休戚相关。积极探索新形势下群众性建功立业的新途径、新办法，凝聚职工力量，引导职工建功立业，促进企业加快自主创新、优化产品结构、提升产品质量、增强市场竞争力，推动解决企业发展中的重点、难点和关键问题，作为开展建功立业活动的重要切入点，不断完善职工建功立业的制度和机制，创新活动方式，努力打造职工建功立业的平台和品牌，提升建功立业活动的水平。

四、培育高素质产业工人的思想引领

我国的工人阶级是近代以来中国社会发展的产物，产业工人更是具有严格的组织性纪律性和革命的坚定性彻底性等品格。中国工人阶级队伍的成长壮大，与我们党的诞生、成长、壮大紧密相连、相辅相成。在党的建设中，要贯彻好全心全意依靠工人阶级的指导方针，使产业工人在党的队伍结构中、在党的领导体制中、在党的组织体系中、在党的干部和人才队伍中都占有重要地位、发挥关键作用。只有这样，才能切实巩固党执政的阶级基础和群众基础，才能加强和改善党的领导，才能保证党的先进性、纯洁性和原则性、战斗性。

《新时期产业工人队伍建设改革方案》在主要举措中，第一条提出“强化和创新产业工人队伍党建工作”。各级党组织，尤其企业里的基层党组织，要适应新技术新业态新模式发展，在改革过程中探索不同类型企业党建工作方式方法，围绕服务企业发展抓党建，把握生产经营中的难点、职工关注的热点和企业发展的结合点、切入点和着力点，从根本上解决“两张皮”的问题。通过开展各种党的组织生活、文化活动，把党的先进文化、优良传统转化为非公有制企业发展所需的正能量，构建以社会主义核心价值观为引领的企业文化。

企业党组织和工会要高度重视对产业工人的思想引领，改变职工思想政治工作的传统模式，及时了解职工的思想动态，关心职工的工作环境、生活情况、心理健康、职业发展，增强职工对企业的认同感和归属感。《新时期产业工人队伍建设改革方案》明确提出，要“创新面向产业工人的工会工作”。在新时代背景下，应坚持党建带工建、工建促党建的工作理念，适应新时期产业工人队伍发展规模、内部结构、利益诉求、思想观念的新变化新特点，直面问题，自我革新，进一步改进工会组织体制、运行机制、活动方式、工作方法，创新国有企业工会工作，保持和增强工会组织的政治性、先进性、群众性，更好地发挥党联系职工群众的桥梁纽带作用、国家政权的重要社会支柱作用和职工利益的代表者维护者作用。

第十章

人机协作：人工智能背景下产业工人技能提升的机遇与挑战

“科学技术是生产力”是马克思关于科学技术的重要论断。自以蒸汽机发明为标志的第一次工业革命以来，科学发展与技术革新一次又一次地解放了人类生产力，极大地丰富了人类赖以存续的物质资料，推动了人类文明发展进步。在对近代科学发展进行深刻哲学反思的基础上，马克思对工业生产背景下的人机关系进行了系统思考，形成了很多关于人机关系的经典论述。当今，大数据、物联网、超级计算、移动互联网等技术的飞速发展，人工智能（Artificial Intelligence）的研究及应用呈现日新月异的发展趋势。在此背景下，智能技术在制造业中的大量应用再次对人类的生产形态和劳动岗位产生巨大冲击，其核心矛盾表现为劳动者和人工智能之间的矛盾。与前几次工业革命有所不同的是，人工智能背景下的机器不再单纯是一个工具化的物化技术设备，而是从一定程度上具有了相应的思维能力。那么，人工智能技术应用在提高社会生产力的同时，将给人与机器之间的关系产生什么样的深刻影响，马克思的人机关系思想需要怎样与时俱进、创新发展，这些都是值得深入持续探讨的重要课题。

一、人工智能背景下智能制造的特点及应用

人工智能，是基于计算机科学、信息论、控制论、语言学、神经学、心理学、哲学、数学等多种学科相互渗透而发展起来的综合性新技术。自21世纪初至今，在移动互联网、大数据、超级计算、传感网、脑科学、语言学，云计算、物联网、语言学等新理念新技术和经济社会发展协同驱动下，人工智能的研究应用进入黄金阶段。与此同时，在模式识别与智能系统、知识发现与机器学习、机器翻译、自动驾驶、智能医疗、智能家居、智能制造等生

产生活领域，人工智能的应用正在引发链式突破，推动各行各业发生深刻变革，尤其是制造业，正在由传统制造向智能制造加速转变。不同于传统的机器体系，人工智能以人工智能技术和大数据为基础，在人工设计的软硬件系统控制下，进行运算、判断、操作，完成之前只能由人类大脑才能完成的工作。人工智能是生产工具的革命性变革，在人类认识自然、改造自然过程中具有划时代意义，将对人类社会产生深远影响。

改革开放以来，我国制造业一直保持着较好的发展态势，经过多年发展积累，已经成功迈入了制造业大国行列。随着人口红利逐步消失，劳动力成本逐年上升，我国劳动密集型的传统制造业的发展道路越走越窄。同时以工业机器人为代表的智能装备，正为传统制造业的生产方式带来深刻的变革。随着《中国制造 2025》的稳步推进，人工智能与传统行业的深度融合将改变、重塑传统制造业，甚至发生翻天覆地的变化。人工智能在制造业领域主要应用于智能装备、智能工厂和智能服务三个方面。目前，在我国劳动密集型、重复操作性强的传统制造业中，人工劳动越来越多地被工业机器人或智能设备取代；在一些制造业发达地区，一批智能生产线已经投入使用，一些智能工厂示范基地也初现端倪，传统制造业逐步向具备智能化、数字化、自动化生产线的智能工厂迈进。①

人工智能在制造业中应用的主要载体是工业机器人，近年来，工业机器人在我国的市场需求呈现快速增长趋势。数据显示，2015 年，我国工业机器人销量达到 7.5 万台，预计到 2020 年中国工业机器人年销量将达到 15 万台。② 值得关注的是，工业机器人用户已从以外商独资企业、中外合资企业为主，向内资企业乃至中小企业拓展。工业与信息化部发布的《中国制造 2025》显示，2014 年到 2016 年，在经济较发达的珠三角地区、长三角地区，

① 毛光烈．工业企业信息化正从机器换人向智能制造工程技术改造演进——对 2016 年工业信息工程公司实施案例创新的调研报告［J］．中国科技产业，2016（12）：22.

② 陈炳祥．人工智能改变世界［M］．北京：人民邮电出版社，2017：217.

工业机器人的年均增长速度平均达到30%，尤其在焊接、装配、搬运、点胶等领域，通过工业机器人推动企业转型升级的趋势十分显著。同时，我们还需要清醒地认识到，尽管我国已成为工业机器人的最大应用市场，但工业机器人的整体产业密度仍然偏低。截至2016年，我国工业机器人密度仅为49台/万名产业工人，与工业自动化程度较高的韩国（437台/万名产业工人）、日本（323台/万名产业工人）和德国（282台/万名产业工人）相比，不足全球平均水平的一半。总体来看，除汽车行业外，我国量大面广的一般制造业对工业机器人的应用基本上处于自发、分散或零散的状态。面向未来，根据《中国制造2025》规划，我国将加快工业机器人在电子、金属制品、橡胶塑料、食品、建材、民爆、航空、医药设备等行业的推广速度；到2025年制造业重点领域全面实现智能化，试点示范项目运营成本降低50%，产品生产周期缩短50%，不良品率降低50%。

二、人工智能作为生产工具引发生产力变革

马克思的唯物史观是从“人对自然界关系”入手的，其历史基础则是“从直接生活的物质生产出发来考察现实的生产过程”，[①] 而在“直接生活的物质生产”中起关键作用的是生产工具。马克思所明确的劳动三要素“有目的的活动或劳动本身、劳动对象和劳动资料”，其中，只有劳动资料能够真正体现“人对自然界关系”的性质。生产工具是劳动资料最主要的体现形式，在人类改造自然世界过程中发挥着决定性作用，引发生产力深刻变革，最终推动着人类社会历史不断向前发展。[②]

① 马克思恩格斯全集（第3卷）［M］．北京：人民出版社，1960：42－43.

② 陈永正．马克思的生产工具思想及其当代启示［J］．南京政治学院学报，2015（5）：47，204，418.

1. 人工智能对生产力的解放

人与机器弹性合作，实现产品的柔性化生产。人工智能与制造业有机结合以后，智能制造深刻改变了产品制造的技术路线和工艺流程。在传统的机器大生产背景下，一旦某一生产线固定，某种商品就会按照某一规格成批量地被生产出来。而人工智能技术的使用，则是根据消费者的个性化需求，劳动者与机器弹性合作，实行柔性化生产。即通过工业软件实现敏捷编程和自动编程，进而由程序控制工业机器人在品质、交期、成本保持一致的前提条件下，实现生产线在大批量生产和小批量生产之间任意切换。人工智能时代，柔性化生产将逐步构成制造业的核心竞争力。展望未来，以大批量生产、低成本取胜的劳动密集型的制造业已经遭遇瓶颈，衰微之势愈加明显，而小批量、定制化的柔性化生产却方兴未艾。

进一步提高加工精度，提高了生产效率，并减少了能源损耗。在智能制造下，机器人作业具有了更高可靠性、严格规范性等优点，可以克服人工疲劳、错误操作等人为误差，从而能够更加精准、有效、稳定地提高产品加工精度，进一步提升产品质量，促进由人口红利向技术红利转变。机器人在程序控制下进行生产，操作的准确性、灵活性和速度均优于人工，再加上机器人可以不知疲倦、夜以继日地工作，使制造业的生产率进一步提高，单位时间内的产品数量和质量均有大幅度改善。与传统制造业历次升级不同的是，在一些生产高科技产品制造业中，智能制造业态下工业机器人因智能程序的控制而变得更加精准，大大减少因操作误差和错误而造成的原料损耗。

生产智能化将大批劳动者从“苦脏累险”的岗位中解放出来。在传统的劳动力密集行业，生产工艺流程对劳动力的依赖程度较高，而且很多岗位具有简单重复、劳动强度大、安全风险高、作业环境差等特点。随着我国劳动力市场上刘易斯拐点的出现，招工难、用工贵在很大程度上制约了企业发展、削弱了企业竞争力。而人工智能的应用，不仅有效地缓解了用工荒现象，大幅提高劳动生产率，而且大大降低了对劳动力数量的依赖程度，将劳动者从

“苦脏累险”的工作环境中解放出来，让体面劳动具备了现实基础，同时也提升了技能生产的层次。正如马克思曾指出的，“节约劳动时间等于增加自由时间，即增加使个人得到充分发展的时间，而个人的充分发展又作为最大的生产力反作用于劳动生产力”。[①]

2. 人工智能应用带来新挑战

社会生产的分工进一步加剧，智能制造对劳动者素质提出更高要求。人工智能技术应用，催生全新的物化技术路线，与之相匹配的技能生产也将发生变革，在劳动力市场分化过程中，能够满足智能制造专业技术需要的劳动者尚存在较大缺口。中国工业机器人产业联盟发布的报告显示，智能制造产业主要需要三类人才：在研发领域，需要掌握先进的系统控制软件、装备机械、工业自动化系统工程集成领域的高素质专业人才；在应用系统集成领域，需要工业机器人工作站的开发、安装、调试等综合素质较强的技术人才；在使用工业机器人的企业，需要工业机器人工作站安装、调试、维护等综合素质较强的技术人才。[②] 2016 年 12 月，教育部、人力资源和社会保障部、工业和信息化部印发的《制造业人才发展规划指南》指出，到 2020 年，我国高档数控机床和机器人领域人才需求 750 万人，人才缺口 300 万；到 2025 年人才需求 900 万，人才缺口 450 万。我国制造业的转型升级离不开一支高技能人才队伍的有力支撑，高技能人才的匮乏现状不容乐观。

生产线升级周期进一步缩短，人与机器需要在快速发展中实现动态平衡。当下人工智能技术的更新速度越来越快，产品升级周期越来越短，导致智能制造生产线技术升级周期进一步缩短。在引入智能制造的企业中，智能工厂的建设、智能设备的购置、智能生产线的运维均需要大量资金投入，与传统制造业企业相比，在智能生产线上，技术因素在企业总体资本的占比明显提

① 马克思恩格斯全集（第 3 卷）［M］. 北京：人民出版社，1960：42 – 43.

② 叶羽萍，王杰敏. “机器换人”助推工业转型升级：以东莞为例［J］. 产业与科技论坛，2016（18）：18.

升。生产线升级周期缩短，将企业置于一个两难境地，如果同步升级，就意味着更多的投入；如果不进行及时升级，可能被行业淘汰，损失更多。对中小微企业而言，因为技术变革导致转型升级周期缩短，在很大程度上增加了企业的经营成本和投资风险。

智能制造过程中人与机器的合作方式发生深刻变革，既有管理秩序需要相应改变。人工智能与制造业的深度融合，对传统生产流程产生了深刻影响，甚至是颠覆性变革，进而引发企业管理的创新。在智能制造的生产过程中，制造运营管理系统将帮助产品供应商实时获得生产交换信息，供应商所提供的全部零件都能在正确的时间按照正确的顺序生产出来；生产流程上的每一个环节都将被虚拟化设计、仿真以及优化，为现实中的物理生产提供物料、产品、工厂等生产数据支持，从而实现虚拟世界的设计与现实世界的生产完美融合；可以根据生产需求，让产品信息直接与生产系统沟通，形成生产工序的下一道指令，指挥设备自行组织生产，以满足用户的定制需求。显然，在这种生产流程中，机器是根据数据运转，生产过程更加灵活、敏捷、个性和友好。与标准化和大规模生产传统制造不同的是，智能制造更关注数据和柔性化，这必然要求企业摒弃原有的管理方式，进行管理创新，在新的技术环境中建构生产管理秩序。

三、马克思生产工具思想视域下的人机关系

19 世纪被誉为科学的世纪，经过第一次和第二次工业革命，工业机器作为主要生产工具成为人类社会生产的主流形态，人们的生活方式也因为科技进步而不断被重构。在马克思看来，“随着新生产力的获得，人们改变自己的生产方式，随着生产方式即保证自己生活的方式的改变，人们也就会改变自己的一切社会关系。手推磨产生的是以封建为首的社会，蒸汽磨产生的是以工业资本家为首的社会”。[①] 随着人工智能的迅猛发展，作为生产工具被广泛

① 马克思恩格斯全集（第 4 卷）［M］．北京：人民出版社，1958：73.

应用于社会生产，推动了生产力发生深刻变革，同时也因其社会属性而带来了制造生产工具的人与这种生产工具的关系的改变。在新的时代背景下，马克思关于人机关系的论述一方面仍然呈现着哲学思想的魅力，另一方面又面临着新的挑战，亟须与时俱进，在理论创新发展中深化研究、突出时代性特征。

1. 人工智能作为外化功能体加剧了机器对人的劳动替代

显然，生产工具的制造和使用，是人类劳动独有的特征。生产工具介于劳动者和劳动对象之间，劳动者通过生产工具这一器物传导到劳动对象，从这个意义上，是人的劳动器官的延伸，所以“与其说是个别人的器官，毋宁说是社会人的器官”。[①] 当然，生产工具是“人类意志驾驭自然的器官”，承载了人类的意志和功能。人类通过不断向生产工具赋予人之功能，把人类自身的劳动功能转移给劳动者之外的自然物质并形成了外化于人而又体现劳动功能的器官，生产工具在这一过程中成为人的外化功能体。一定时代的某一种生产工具体现着人类的某种特殊功能体，并反映着人类劳动功能的某种状态。机器的发明和使用，意味着人们使用工具的能力不再局限于劳动者自身的技艺，而是“机器则代替工人而具有技能和力量，它本身就是能工巧匠，它通过自身中发生作用的力学规律而具有自己的灵魂”。[②] 进入人工智能时代，人工智能不仅具有传统意义上的机器本质，而且因为其本身又将人的智力活动和智能思维外化于机器之上，使人工智能作为外化功能体的功能进一步强大。随之而来的则是，“当操作工具从人的手中转移到机器上之后，单纯的工具就被机器所取代”。[③] 而且，由于人工智能这种物化技术，在更高层面、更广范围提高了社会生产力，马克思所讲的“机器排挤人”的现象进一步加剧。人工智能正在重塑传统制造业：人工智能技术必然会以其技术优势取代大量

① 熊懿求．论生产工具在生产力决定生产关系中的主要决定作用［J］．武汉大学学报（哲学社会科学版），1980（4）：72.

② 马克思恩格斯选集（第46卷）［M］．北京：人民出版社，1980：208.

③ 马克思．资本论（第1卷）［M］．北京：人民出版社，1975：408.

人工岗位，尤其是那些从事劳动强度大、简单重复性的低技能岗位，进一步被人工智能替代；人工智能技术的应用，将改变产品生产的技术路线和工艺流程，引发传统生产线上工作岗位的重组；智能制造生产线将在一种新的业态下产生对技能岗位的新需求。可以预见，智能制造背景下，一方面将大幅压缩低技能岗位的需求，另一方面将促进高技能岗位质量的提升，使之不断向更高层次跃迁，从而为中国速度向中国质量、中国制造向中国创造、制造大国向制造强国转变创造有利条件。

2. 人工智能开启了从生产自动化向智能自动化的转变

马克思指出，“各种经济时代的区别，不在于生产什么，而在于怎样生产，用什么劳动资料生产。劳动资料不仅是人类劳动力发展的测量器，而且是劳动借以进行的社会关系的指示器”。在马克思看来，“工具积聚了发展，分工也随之发展，并且反过来也一样”。[①] “机器的采用加剧了社会内部的分工，简化了作坊内部工人的职能。”[②] 机器与分工的发展和深化是密不可分的，机器促进分工细化，分工引发机器革新。机器作为生产工具以后，开始替代原来由人完成的劳动；从替代人手的工具机开始，逐步演化为“结合工作机”，最终由具备自动化装置的机器替代人的技能，产生“自动的机器体系”。回顾人类大工业机器的演化进程，恰恰印证了马克思对生产自动化的理想描述：“当工作机不需要人的帮助就能完成加工原料所必需的一切运动，而只需要人从旁照料时，我们就有了自动的机器体系。”[③] 而在人工智能背景下，机器的本质发生了革命性变化。传统的机器只是代替了人的技能，只要这一本质没变，就没有超越机器的范畴；而人工智能则不仅替代了人的技能，而且开始模拟人的智能，这将开启机器本质演进的新起点。假以时日，一种全新的、智能化的机器开始成为人类社会主流的生产工具，随着传统机器时代的

① 马克思. 1844年政治经济学手稿［M］. 北京：人民出版社，2000：246，208，217.
② 马克思恩格斯选集（第5卷）［M］. 北京：人民出版社，2009：247.
③ 马克思恩格斯全集（第23卷）［M］. 北京：人民出版社，1972：217.

终结，智能自动化生产体系将会逐步代替技能自动化生产体系。从工厂手工业到机器大工业，再到智能工业，人类生产工具的每一次变革，都带来了人类生产组织方式和社会分工的深刻变革。“劳动的组织划分视其所拥有的工具而各不相同”，人工智能的广泛使用和不断升级，将会重组人类社会生产秩序，并促使社会分工产生进一步深刻变革。

3. 人工智能改变了“活劳动形式”范畴

在马克思看来：“机器无论从哪一方面来看都不表现为单个工人的劳动资料。机器的特征绝不是单个工人的劳动资料那样，对工人的活动作用于劳动对象起中介作用；相反地，工人的活动表现为：他只是对机器的运转，对机器作用于原材料起中介作用。”① 在工厂手工业阶段，工人是生产工具的支配者；而科学技术物化为机器以后，人的技能被机器取代，随之而来的是，传统劳动过程也被颠覆，人倒过来成为机器与劳动对象之间的中介。在分析机器的本质以及对劳动者的影响之后，马克思提出了“机器劳动”这一“活劳动”形式。根据马克思的定义，“所谓简单的机器劳动，我们指的是应由看管工作机的人来完成的辅助作业”，具体来说，“活劳动”形式主要包括“看管机器作业”“照料动力机的活动”“维修机器的活动”“辅助工”四种情形。不管哪种情形，人在劳动中变成了机器的“服侍者”。正因为在机器大生产过程中工人是“服侍”机器，致使“机器主导了人”，工人完全沦为机器体系的附属物，工作内容成为单一重复性的操作，身体自由和精神自由完全丧失，彻底失去劳动的主观能动性。人的劳动成为机器体系中的一个零部件，从而限制了工人的能力、兴趣和需要的发展。在人工智能时代，人工智能的广泛使用进一步改变了生产链条的劳动组织形式，进而推动了社会结构发生变革。与传统机器大生产链条上的劳动者结构有所不同，在智能生产线上，人工智能逐步把低技能劳动者排除出直接的生产过程之外，同时相应增加了研发人

---

① 马克思恩格斯选集（第46卷）［M］．北京：人民出版社，1980：208.

工智能与编写程序的高智能劳动者。智能生产链条的突出特点就是依靠体力劳动获取报酬的工人越来越少，甚至消失。工人被最大限度地排除在生产过程之外，而生产线的维系则通过大量的脑力劳动来完成，即由复杂的软件系统来组织指挥机器进行产品生产。可以想象，未来物质形态的生产资料会变得不再重要，新生产力时代的核心则是指挥机器的软件系统而不是机器硬件本身。[①] 这种本质的改变，既改变了人们“活劳动”的形式，也在智能生产过程中重塑了人、机器、资本的关系。

4. 人工智能挑战人类既有的伦理秩序

马克思认为，机器“是人的产业劳动的产物，是转化为人的意志驾驭自然界的器官或者说在自然界实现人的意志的器官的自然物质。它们是人的手创造出来的人脑的器官，是对象化的知识力量”。[②] 在《1844 年政治经济学手稿》中，马克思曾做过这样的论断：“工业的历史和工业的已经生成的对象性存在，是一本打开关于人的本质力量的书，是感性地摆在我们面前的人的心理学。”[③] 在马克思看来，“工业是自然界对人，因而也是自然科学对人的现实的历史关系”。可见，马克思将人类的工业文明发展史解读为人的本质力量的发展史，这一论断既克服了唯心主义倾向，又为引导人类如何正确处理对机器的态度提供了理论指引。显然，与之前的物化技术不同，人工智能所制造的智慧机器在隐私和数据安全、知识产权、标准化建设、预防歧视等方面对现有法律法规提出挑战，也会对人类社会的运行规则和制度伦理产生冲击。人工智能会因其具有一定思维能力而改变人类的生产生活状态，许多文学、电影、哲学作品已经从伦理学角度给予了关注和探讨。受机器换人的冲击，人工智能的广泛应用将加重人们对“人机关系”的焦虑。2017 年 7 月，国务

---

① 农华西．生产工具的发展与人的解放［J］．广西民族学院学报（哲学社会科学版），2004（12）：79－81.

② 马克思恩格斯选集（第 8 卷）［M］．北京：人民出版社，2009：197－198.

③ 马克思．1844 年政治经济学手稿［M］．北京：人民出版社，2000：88.

院在颁布的《新一代人工智能发展规划》中明确指出，要“建立人工智能法律法规、伦理规范和政策体系，形成人工智能安全评估和管控能力”。当人工智能成为社会生产的主流时，人类的社会秩序将不可避免地受到冲击、进行重构，因此，我们应深入研究与人工智能相关的法律、伦理和社会问题，厘清社会法律与伦理道德的边界，让人工智能更好地服务人类社会。

四、积极布局人工智能时代产业工人技能提升

哲学家只是用不同的方式解释世界，而问题在于改变世界。马克思曾这样评价科技进步：“随着大工业的发展，现实财富的创造较少地取决于劳动时间和已耗费的劳动量，较多地取决于在劳动时间内的动因的力量，而这种动因自身——它们的巨大效率——又和生产它们所花费的直接劳动时间不成比例，相反地却取决于一般的科学水平和技术进步，或者说取决于科学在生产上的应用。”这一论述深刻阐述了科学技术应用对生产率提高的贡献。面向未来，智能制造将逐步替代传统工业，成为人类社会生产的主要业态，在此背景下，应把握人类与机器的关系，加强产业工人技能培育，努力实现产业变革。

1. 人工智能与机器大生产进一步融合

就人类近几次工业革命来看，生产力变革是从生产工具开始的，进而推动人类社会发展迈入新阶段。从全球情况而言，人工智能技术已成为国与国之间竞争的焦点所在，也是推动经济社会发展的新引擎，带来了一系列新机遇。美国、英国、日韩、欧盟等国家、组织纷纷制定了人工智能战略。2016年4月，工业和信息化部、发展改革委、财政部联合印发《机器人产业发展规划（2016—2020年）》提出，在工业机器人用量大的轨道交通、航空航天、家电、汽车、电子等行业，在劳动强度大的建材、纺织、轻工、物流等行业，在危险程度高的化工、民爆等行业，在生产环境洁净度要求高的医药、半导体、食品等行业，加快推进工业机器人的广泛应用。2017年7月，国务院印

发的《新一代人工智能发展规划》从战略态势、总体要求、资源配置、相关立法等各个层面阐述了我国人工智能发展规划，并提出了三步走战略，最终将把我国建设成为世界主要人工智能创新中心。在此背景下，人工智能与制造业的深度融合势不可当，应加快人工智能研发，促进智能设备在制造业领域的广泛应用，是扎实推进《中国制造2025》国家战略的重要途径。

2. 人工智能无法完全代替人工劳动

基于对机器大生产的深刻观察，马克思指出："技术的变革造成的机器取代了人工，致使很多人面临生存问题，但同时也会催生新行业新领域新岗位。"[①] 分工细化有利于工人积攒更多专业知识，引发机器革新，二者相辅相成，互相促进。第一次工业革命时期，纺织机的发明造成大量纺织女工失业，蒸汽机的出现对传统运输业带来巨大挑战，人们一度以为自己会被机器彻底取代。但历史发展实践表明，这些担忧属于杞人忧天。之后，随着生产力的解放，产生了钢铁冶炼、铁路修建、机器制造维修等众多高技能的行业和岗位。同样，进入智能制造时代，社会分工将进一步细化，企业的种类和数量会越来越多，从而开辟出崭新的就业领域，如人工智能研发、机器编程、智能设备运维等，需要更高技能水平的就业岗位。人工智能时代，人们通常认为技能水平较低的工作岗位最容易受到人工智能的冲击，造成低技能工人大量失业。有学者选取《中华人民共和国职业分类大典》列表中的制造业中的"机械设备安装工"和"建筑安装施工人员"等中低技能岗位，采用"无帮助""可以部分协助"和"可以完全代替"三个定序测量选项来研究人工智能技术对工作任务的替换程度和不同工作情景下人工智能的帮助程度。统计结果显示，"机械设备安装工"的工作任务能被现有人工智能技术完全替代程度为20%，"建筑安装施工人员"的完全替代程度为30%。[②] 按照马克思对机

① 陈炳祥．人工智能改变世界——工业4.0时代的商业新引擎［M］．北京：人民邮电出版社，2017（8）：217.

② 徐坚．人工智能对制造业的挑战：职业教育的视角［J］．当代职业教育，2017（4）：6－8.

器和分工的论述，技术革新会促进分工，引发新的行业和岗位。围绕人工智能所引发的智能制造，必然产生产品研发、机器运维、数据分析等一系列新岗位，而这些工作仍需要人工来完成。总体来看，人工智能技术不能完全取代人工，也不能完全脱离人而存在。

3. 人工智能技术与劳动者形成正向反馈系统

智能制造催生出很多需要高技能水平的行业和岗位，新的业态大大提高了对劳动者素质的要求。从宏观上看，一方面，智能制造的发展将促使更多的制造业劳动者接受更高水平的教育培训，这就会倒逼着政府加大教育培训投入，改善教育培训结构，改变教育培训的体制、机制和教学内容。另一方面，接受高等教育培训的人数增多、劳动者的素质提升又会继续推动技术革新、加快发明创造，促进新一轮的技术革命。历史上，英美等国家之所以迅速崛起，很大程度上得益于教育与技术互相促进的正向反馈系统。从微观上看，在智能生产线上，虽然劳动者的数量大幅度减少，但人与智能设备的协同关系依然存在，人通过学习逐步适应新的生产力发展水平，获得新的岗位，实现人机共融。人与机器之间逐步在新的物化技术层面上，建构出一种相辅相成、相互促进的人机协作关系，从而共同制造产品，推动产业发展。

4. 人机共融推动制造业达到历史新高度

迪特里希在《人与机器的关系》一文中指出：“人在直接生产过程中一再面临新的任务，这绝不是自动化的消极结果，而是生产方式在工艺上发生变化的历史必然阶段。”站在历史的维度，回顾每一次工业革命所带来的技术变革，新型的生产工具在带来生产力飞跃的同时总会让人们产生机器换人的焦虑，也总会因为一些不利的消极因素而带来社会问题，但作为生产力主宰的人类，在与机器的博弈中，总能因势利导，让机器为人所用，进一步解放和发展生产力。进入人机协作的人工智能时代，通过智能技术手段和程序可以把作为机器环节的人解放出来。单就制造业而言，过去，我们以制造为中心；未来，我国将以智造为中心。人工智能与制造业的深度融合，在淘汰低技能水平劳动岗位的同时，也催生了很多新领域、新行业、新岗位，在更发达的生产力水平上为人类存续提供服务，并最终引发人类经济社会结构进行转型。可以预见，基于人工智能技术的人工智能，必将在人机共融的框架下进行智能制造，进而推动制造业达到历史新高度，这也将为我国加快产业转型升级、成为制造强国注入强大力量。

5. 人工智能背景下的产业工人队伍建设

在技术飞速发展的时代背景下，产业工人队伍建设要着眼未来，积极布局人工智能时代的产业工人技能提升。一要适应人工智能发展趋势，制定高素质产业工人队伍发展计划，积极培养相关培训师资，针对先进技术完善职业教育培养计划和人工智能培训内容。二要建立智能化培训平台，为产业工人建立更好的学习平台，让产业工人能够有更好的机会和更多的时间去接触到全国各种优秀的课程资源，建立终身学习的体系。三要提前布局人工智能培训，建立培训与实际应用的关系，确保新技术的应用。

爱因斯坦曾讲过："人们可以对是什么有最清楚最完整的知识，可还是不能从中推论出我们人类渴望的目标是什么。客观知识为我们实现某些目标提供了强有力的工具，但终极目标本身以及对实现它的热望必须来自另一个源泉。我们的存在和行为只有通过确立这样的目标及相应的价值才能实现其意义，对此观点，几乎不必论证。"① 无论我们持何种态度，人工智能时代已经来临，既推动人类生产生活发生了深刻变革，又对人类的一些规则提出挑战。人类和人工智能的关系不仅要满足物质资料生产的需要，更要在道义上实现人机共融、相互促进，最终为人类的自由全面发展奠定坚实基础，这才是最好的愿景。

① 阿尔伯特·爱因斯坦．爱因斯坦晚年文集［M］．方在庆等译．海口：海南出版社，2000：24.

主要参考文献

一、 著作类

1. ［德］恩格斯．劳动在从猿到人转变过程中的作用［M］．北京：人民出版社，1971.

2. ［德］马克思，恩格斯．马克思恩格斯全集（第42卷）［M］．北京：人民出版社，1979.

3. ［德］马克思，恩格斯．马克思恩格斯选集（第1卷）［M］．北京：人民出版社，1995.

4. ［德］马克思，恩格斯．马克思恩格斯选集（第4卷）［M］．北京：人民出版社，1995.

5. 毛泽东．毛泽东文集［M］（第6卷）．北京：人民出版社，1990.

6. 习近平．习近平谈治国理政［M］．北京：外文出版社，2014.

7. 习近平．在庆祝“五一”国际劳动节暨表彰全国劳动模范和先进工作者大会上的讲话［M］．北京：人民出版社，2015.

8. 习近平．决胜全面建成小康社会夺取新时代中国特色社会主义伟大胜利——在中国共产党第十九次全国代表大会上的报告［M］．北京：人民出版社，2017.

9. 陶行知．生活教育文选［M］．成都：四川教育出版社，1988.

10. 中华全国总工会．中国工会百科全书（上）［M］．北京：经济管理出版社，1998.

11. 中共中央党史研究室．中共共产党历史第二卷（1949—1978）（下册）［M］．中共党史出版社，2010.

12. 中华全国总工会经济技术部．新编劳模工作手册［M］．北京：中国工人出版社，2012.

13. 国家统计局．中国劳动统计年鉴 2015［R］．中国统计出版社，2016.

二、 期刊杂志类

1. 胡锦涛．在全国劳动模范和先进工作者表彰大会上的讲话［DB/OL］．新华网，2005－4－30.

2. 习近平．在同全国劳动模范代表座谈时的讲话［N］．人民日报，2013－04－29（02）.

3. 习近平．在乌鲁木齐接见劳动模范和先进工作者、先进人物代表向全国广大劳动者致以“五一”节问候［N］．人民日报，2014－05－01（04）.

4. 习近平．庆祝“五一”国际劳动节暨表彰全国劳动模范和先进工作者大会隆重举行［N］．人民日报，2015－04－29（04）.

5. 习近平．在知识分子、劳动模范、青年代表座谈会上的讲话［N］．人民日报，2016－04－30（02）.

6. 李克强．2017 年政府工作报告（摘登）［N］．人民日报，2017－03－06（02）.

7. 张俊峰．关于第三次修订工人技术等级标准的思路［J］．中国劳动，1990（09）.

8. 游正林．我国职工劳模评选表彰制度初探［J］．社会学研究，1997（06）.

9. 李强．影响中国城乡流动人口的推力与拉力因素分析［J］．中国社会科学，2003（01）.

10. 罗霞，王春光．新生代农村流动人口的外出动因与行动选择［J］．浙江社会科学，2003（01）.

11. 吴兴陆．农民工定居性迁移决策的影响因素实证研究［J］．人口与经济，2005（01）.

12. 刘艳萍，杨延虎．陕甘宁边区的劳模运动及其启示［J］．延安大学学报（社会科学版），2006（03）.

13. 李珂．论劳动关系状况对农民工融入城市的制约［J］．中国劳动关系学院学报，2006（06）.

14. 吕妍，古继宝，梁樑．我国现代企业师徒制重构探讨［J］．华东经济管理，2007（04）.

15. 孙中义，刘英民．浅析美国职业教育模式及其思考［J］．安徽电子工程职业技术学院学报，2008（02）.

16. 廖勇．日本企业培训及其对我国的启示［J］．漯河职业技术学院学报，2008（03）.

17. 王星．师徒关系合同化与劳动政治［J］．社会，2009（04）.

18. 孙海波．民主革命时期中国共产党树立劳模模范的原因分析［J］．周口师范学院学报，2010（07）.

19. 王永玺，张晓明．简述中国劳模的发展历史［J］．北京市工会干部学院学报，2010（09）.

20. 熊易寒．新生代农民工的权利意识［J］．文化纵横，2012（01）.

21. 张霞．提升广东先进制造业产业工人职业能力的对策研究［D］．华南理工大学，2012（12）.

22. 王飞．政府购买农民工就业培训服务路径探析［J］．社会工作与管理，2013（03）.

23. 姚力．新中国成立初期的劳模表彰及其社会效应［J］．党的文献，2013（04）.

24. 李俊，王继平．德国企业内职业培训的多维度探析［J］．德国研究，2014（09）.

25. 罗东．技能人才“八级工”制度［J］．中国人才，2015（01）.

26. 肖群忠，刘永春．工匠精神及其当代价值［J］．湖南社会科学，2015（06）.

27. 孙丽霞．我国职业教育发展的现状及其前景展望［J］．中外企业家，2015（35）.

28. 刘玉照，苏亮．社会转型与中国产业工人的技能培养体系［J］．西北师范大学学报（社会科学版），2016（01）.

29. 叶雨婷，蒋欣．青年兴则民族兴，技能强则国家强［N］．中国青年报，2016－07－15.

30. 徐大慰．劳模精神的时代内涵及其现实价值［J］．中国井冈山干部学院学报，2016（09）.

31. 吕景泉，米靖．150 年，中国职业教育发展经历了什么［N］．光明日报，2016－12－13（15）.

32. 张祺午．发展先进制造业，先要加强产业工人培训［J］．职业技术教育，2017（06）.

33. 袁国敏，王飞．产业工人的职业技能培训途径研究——基于政府购买培训服务的视角［J］．山东工会论坛，2018（02）.

后　记

面对这本书，有一种“此物从何来，对之惊且喜”之感。应该说，这是一本“有心插柳”之作，而又意外地获得“成荫之喜”。回头来看，这本书前后跨越四个年头，既承载了自己关于新时期产业工人队伍建设改革的理论思考，又凝结了一次又一次课题调研中对各地工会实践探索的概括提升。

回顾这几年的研究历程，这本书得以出版真应了那句经典之语，“世界上没有无缘无故的爱”。党中央启动全面深化改革以后，新疆维吾尔族自治区经济体制与生态文明体制改革领导小组办公室设在了自治区发改委体改处，2014 年 11 月至 2015 年 10 月，我有幸参加中央第 15 批博士服务团挂任新疆维吾尔族自治区发改委经济体制改革综合处副处长，挂职期间，主要工作内容之一，就是在自治区党委改革办的领导下，按照自治区发改委领导的工作部署，与 40 多个委办厅局沟通协作，推动经济体制与生态文明体制改革年度任务的完成。正是这份工作经历，让我进一步领会了全面深化改革的重大意义，对体制改革工作有了较高的认知度和敏感度。当听到关于产业工人队伍建设改革的消息后，我在为之振奋的同时，意识到这将是一个宏大的时代命题，既有研究价值，更有现实意义。因为自己的工作单位是中华全国总工会直属并与教育部共建的高校，在劳动关系与工会领域有着显著学术优势，再加上自 2004 年以来，我一直研究关注农民工问题，基于这些研究基础，我决定围绕产业工人队伍建设做些前期研究。

2016 年 9 月，新学期伊始，我就查阅了大量文献，尤其关注最新的一些数据和观点，勾勒出了一个关于《建设高素质产业工人队伍的实践路径》的论文框架。由于时间紧迫，在了解到我校张善柱副教授也一直在研究农民工问题之后，就邀请他和我一起完成这篇论文。我们两人采取先每人负责撰写一部分，再一起统稿打磨的合作模式。经过一段时间的努力，完成初稿已经11 月了。经过十余稿的打磨，完成了初稿，之后投给了中共中央党校主办的《理论动态》，由于该杂志属于智库刊物，与投给其他刊物不冲突，就同时联系了一些期刊，最后投给了《中国劳动关系学院学报》。非常幸运的是，《理论动态》以《建设发展高素质产业工人队伍建设》为题，刊发于 2017 年 1 月20 日第 2119 期上；《中国劳动关系学院学报》以《高素质产业工人队伍建设发展的实践路径分析》为题，发表在 2017 年首期首篇上，并被中国人民大学报刊复印资料《工会工作》2017 年第三期全文转载。每念及此，衷心感谢这三个刊物，是这些学术平台承载了我们的学术激情与志业梦想。后来，该文的主要内容又被《青海学习报》头版转载，扩大了学术影响。然而，接下来发生的、与产业工人队伍建设相关的很多事情却超出了我的预期和想象。

2017 年 2 月 6 日，中共中央总书记、国家主席、中央军委主席、中央全面深化改革领导小组组长习近平同志在中央全面深化改革领导小组第三十二次会议上发表重要讲话，强调产业工人是工人阶级中发挥支撑作用的主体力量，是创造社会财富的中坚力量，是创新驱动发展的骨干力量，是实施制造强国战略的有生力量；要按照政治上保证、制度上落实、素质上提高、权益上维护的总体思路，改革不适应产业工人队伍建设要求的体制机制，充分调动广大产业工人的积极性主动性创造性，为实现“两个一百年”奋斗目标、实现中华民族伟大复兴的中国梦，更好地发挥产业工人队伍的主力军作用；会议审议通过了《新时期产业工人队伍建设改革方案》。2017 年 4 月，中共中央、国务院联合印发了《新时期产业工人队伍建设改革方案》。之后一段时期，很多中央媒体围绕这一方案进行了密集而深入的报道。在这个大背景下，一些惊喜就陆续发生了：《人民论坛》在 2017 年 6 月中期上刊发我的文章《中国制造业转型升级呼唤工匠精神》；我在 2017 年 3 月投出的文稿《培养宏大的高素质劳动大军》被2017年6月22日的《人民日报(理论版)》刊登;2017年6月下旬,《光明日报》国内政治部的记者就该方案采访了我,主要观点刊登在2017年6月30日《光明日报》第四版上;等等。就着研究热度,我又扩展了自己的关注领域,之后又围绕劳模精神、工匠精神、职业教育、创新创业教育等,做进一步的深入研究。

如果说之前的努力主要是做一些偏学术性、理论性的探讨,那么从2017年8月开始,实践的机会又不期而遇。成都市总工会负责同志辗转找到学院,想请人帮助他们从顶层设计角度,承担《成都工匠评选与培育》的研究项目。在学校党委领导的支持下,受学校大国工匠与劳动模范研究所所长杨冬梅教授的委托,我作为项目执行负责人,带领张善柱副教授、赵明霏博士,前后四次赴成都市进行调研。那是一段很艰难的时光,领导的要求既有前沿性,又很务实,我们在找不到很多参考资料的情况下,全靠进行大量的座谈访谈等获得一手资料,从而给出研判,提炼观点,设计制度。调研期间,每天的工作时间都在10个小时以上;经过半年左右的努力,完成了《成都工匠评选与培育研究报告》《成都工匠评选办法(建议稿)》《成都工匠管理办法(建议稿)》《关于开展成都工匠评选培育的建议(代拟稿)》等研究报告和行政公文。最后,项目成果获得了包括成都市委书记在内的4位市委常委的批示,为成都工匠评选培育制度的落地奠定了良好基础。功夫不负有心人,在大家的努力下,尤其在成都市总工会的精心推动下,2018年8月,成都市委办公厅、成都市政府办公厅印发了《关于实施成都工匠培育五年计划的意见》。在完成研究项目的过程中,遇到很多理论困惑与实际问题,我们只有倒逼自己寻找答案,在这个过程中,我和研究团队成员多次探讨,碰出了很多火花,也逐渐找到了规律性的东西,积累了横向课题研究管理经验,收获了深厚的同事情谊、战友情谊、朋友情谊,研究团队也形成了良好的沟通互动机制。之后,我又和同事陆续完成了一些地方总工会委托的《大连市金普新区产业工人队伍建设研究》《大连市金普新区劳模管理服务机制建设研究》《宁波市江北工业园区智工之家与产业工人队伍建设研究》《山东省寿光市产业工人队伍建设助力经济动力转换研究》等委托项目。值得一提的是，在完成宁波市江北区总工会委托的研究项目过程中，之前的研究积累再次面对挑战：一是智工之家的提法，在全国首创，如何理解新时代的“智工”；二是江北工业园区里的企业都是非公企业，劳动关系的运行管理与基层工会管理体制与国有企业存在很大差异，一些很现实的问题需要另起炉灶进行研究。说来也巧，这几个城市的特色很鲜明，成都市的公有制经济很强，工业基础也很雄厚；大连市金普新区主要是德资、日资、韩资等外资企业；而宁波市江北区则是以非公有制企业为主；寿光市的农业产业化起步很早，培育了很多优秀的新型职业农民，基层工会建设很规范。实践是鲜活的，在大量接触一线情况的过程中，又激发了我们很多新的思考，形成了更多的研究成果，陆续发表在《中国党政干部论坛》《人民论坛》《中国职业教育》《自然辩证法研究》《工人日报》《中国教育报》《辽宁职工报》等期刊上。

2018 年 6 月，在一次学术交流会议上，我从中国工人出版社编辑那里得知，为深化产业工人队伍建设理论政策研究，中国工人出版社于 2017 年 5 月启动了《新时期产业工人队伍建设改革研究丛书》，他邀请我参加该丛书的选题策划及分册图书的写作。经过多次沟通，我接受邀请，并着手抽时间整理已有的研究成果，围绕产业工人队伍建设改革这一主线，按照一定逻辑构建书稿框架、撰写文稿。令人欣喜的是，在本书编辑过程中，《新时期产业工人队伍建设改革研究丛书》于 2017 年 9 月被成功列入国家重点出版规划。更在本书付梓之际，于 2019 年 2 月获得 2019 年度国家出版基金资助。

每当浏览这本书稿，都会心生涟漪，回想起研究过程、调研过程、编辑过程中的点点滴滴，很多场景、很多人物、很多图表都会浮现眼前。这本书稿的形成，离不开很多领导同人的殷殷鼓励与大力支持：感谢学院党委，学院一直高度重视科研工作，近年来在科研工作中提出了“智库起步、科研腾飞”的发展理念，加大了智库建设力度，受益于这样的政策环境，我感受到了激励，增强了信心，产生了动力。感谢给予合作机会的诸多地方工会领导，他们虽身处各方，但有一个共同点，那就是鲜明的领导风格和强烈的人格魅力，每次接触都能从他们身上学习很多。成都市总工会的张余松书记，曾担任过都江堰市委书记，工作起来思路清晰，做决策的时候很有魄力；郭强副主席，经历经验丰富，协调能力很强，善于推动工作。宁波市江北区人大常委会副主任、总工会主席孙新土，曾担任过区财政局长，很具战略眼光，善于把工会工作融入地方工作大局中去推进；江北区总工会党组书记黄修军、副主席詹洪青两位领导来北京商谈，在每次调研中都给予大力支持和热情接待，为课题调研提供了坚强保障；大连市金普新区总工会主席、党组书记闫为宁是一位颇具风采的巾帼红颜，曾担任过人社局局长，视野开阔，在有限的沟通中，给了我们很多指导。山东寿光市政协党组副书记、总工会主席寇振彦总是笑眯眯的，是一位很具智慧的领导，总能在温和、从容的话语中让人感受到幽默，给人以启迪；总工会党组书记孙荣新主席，善于在大局中琢磨问题，凭着一股子干劲、钻劲，偕工会同人将寿光的基层工会建设提升到一个新的高度，为全国提供了样板。与这些领导接触，有一个深切体会，觉得他们很了不起，我们的工会事业正是靠他们的辛勤奋斗才在职工群众中落地生根、开花结果。在这里，向他们致敬！在每次调研中，都有很多敬业负责、充满活力的年轻干部陪着我们，付出了很多辛劳，他们是成都市总工会经济技术部部长赵玉辉、宁波市江北工业区工会主席虞益民、江北区总工会综合科科长李宁宁、江北区总工会干部舒寅瑛、江北工业区工会干部吴霞、大连市金普新区总工会权益保障部部长雷楠、劳动经济部部长那淑丽、副部长王彩霞、山东寿光市总工会党组成员王洪福、寿光市职工服务中心主任张炜等，向以他们为代表的优秀基层工会干部致以诚挚谢意！还要感谢学校大国工匠与劳模模范研究所，这个学术平台给了我团队的鼓励，也给我了前行的动力，尤其要感谢所长杨冬梅教授，在出版的关键阶段，她既对本书给予充分肯定，又帮助我解决了实际困难。课题研究是个系统工程，仅凭我一人是无力完成的，非常感谢我的课题团队，他们是潘泰萍教授、周莹莹副教授、张善柱副教授、赵明霏博士、李妍妍博士，我们一起实地调研，一起关门写作，在紧张的调研行程中，也体会到学科交叉的碰撞、分工合作的喜悦、互相照顾的温暖，结下了深厚的情谊。最后还要感谢中国工人出版社，正是他们的专业努力，才使本书最终得以出版，并获得2019年国家出版基金资助。

习近平总书记在纪念马克思诞辰200周年大会上的讲话中深刻指出，“马克思主义不是书斋里的学问，而是为了改变人民历史命运而创立的，是在人民求解放的实践中形成的，也是在人民求解放的实践中丰富和发展的”。党的十八大以来，习近平总书记曾在不同场合提及“实干”380余次，提及“实干兴邦”30多次，这些重要讲话充分彰显了“实干”在实现“两个一百年”奋斗目标、实现中华民族伟大复兴伟大进程中的重要作用。产业工人是工人阶级中发挥支撑作用的主体力量，是创造社会财富的中坚力量，是创新驱动发展的骨干力量，是实施制造强国战略的有生力量。扎实推进产业工人队伍建设改革，就是要建设一支富有干劲、闯劲、钻劲的高素质产业工人队伍，让实干担当在新时代蔚然成风，让改革创新在新时代焕发活力，让精益求精在新时代落地生根。如果每一名劳动者都富有这三个劲头，那么中华民族伟大复兴就一定能早日实现。

是为后记。

2019年3月12日于北京

图书在版编目（CIP）数据

迈向制造强国：建设新时代高素质产业工人队伍 / 李珂著.
— 北京：中国工人出版社，2019.3
ISBN 978-7-5008-7152-1
Ⅰ.①迈… Ⅱ.①李… Ⅲ.①产业工人－研究－中国 Ⅳ.①D412
中国版本图书馆CIP数据核字(2019)第059448号

迈向制造强国：建设新时代高素质产业工人队伍

出版人	王娇萍
责任编辑	罗荣波
责任印制	栾征宇
出版发行	中国工人出版社
地　　址	北京市东城区鼓楼外大街45号　邮编：100120
网　　址	http://www.wp-china.com
电　　话	（010）62005043（总编室）（010）62005039（印制管理中心） （010）82075935（工会与劳动关系分社）
发行热线	（010）62033018　62004002　62005996　（010）82081553（传真）
经　　销	各地书店
印　　制	三河市东方印刷有限公司
开　　本	700毫米×1000毫米　1/16
印　　张	15.25
字　　数	200千字
版　　次	2019年5月第1版　2023年10月第3次印刷
定　　价	58.00元